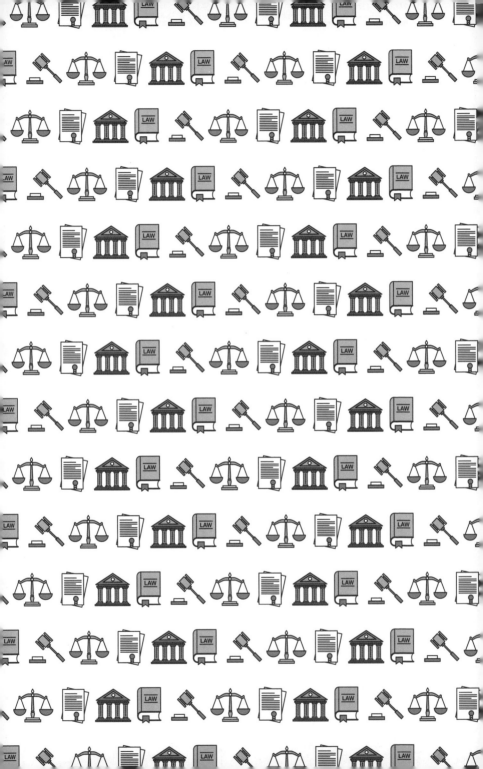

좀 아는 10대

인권 의식과 정의 감각을 높이는 필수 교양

왜 생겨났고,

왜 필요하고,

왜 지켜야 할까?

사회
좀 아는
십 대
20

풀빛

김나영 · 김택수 글
방상호 그림

좀 아는 10대

왜 법을 알아야 할까?

"그 친구 이야기도 들어 봤니?"

어릴 적, 친구 관계에 고민이 생겨 상담을 하면 법관이신 아버지는 언제나 나에게 이렇게 묻곤 하셨어. 사건을 맡으면 언제나 양쪽의 이야기가 완전히 다르다고 하시면서 말이야.

그때 이야기를 잠시 해 보면, 중학교 2학년 때 처음 짝이 된 수지는 잘난 척이 심하고 남을 무시한다는 소문이 도는 친구였어. 나랑 친했던 소영이를 비롯한 몇몇 친구들은 수지가 자기 말만 옳다고 우기고, 다른 여자애들은 무시하면서 남자애들한테만 친절하다고 좋지 않은 평가를 전해 주었지.

누군가를 만나기 전에 그 사람에 대한 소문을 먼저 들으면 왠지 그 말이 진짜인 것만 같잖아? 그게 좋은 것이든 나쁜 것이든 말이야. 그 이야기를 들은 난 '왜 하필 저 밉상이 내 짝이 된 걸까' 하면서 수지랑 말도 해 보지 않고 집에 와서 툴툴거렸어.

그러다 새로 다니기 시작한 논술 학원에서 수지와 다시 마주치게 됐어. 논술 학원에서는 팀을 나눠 토론하는 시간이 있었는데, 빈번히 수지와 같은 팀으로 묶였지. 함께 의견을 나누며 서서히 그 애를 알아가게 되었고, 지내 보니 이전에 들었던 소문과 달리 수지는 생각이 잘 통하는 친구였어. 자기 말만 옳다고 우기지도 않았고, 잘난 척하는 아이는 더더욱 아니었지.

그럼 다른 친구들이 일부러 그런 소문을 만들어 낸 거냐고? 그럴 수도 있지만, 아닐 수도 있다는 생각이 들었어. '그 친구의 눈에 그렇게 보였던 건 아닐까? 만약 그렇다면 왜 그렇게 보였을까?' 호기심 많은 소녀였던 나는 탐정처럼 조사를 시작했지. 알고 보니 소영이가 평소 좋아하던 남자아이랑 수지가 함께 영화관에 간 걸 누군가가 봤고, 그걸 소영이에게 말했던 거였어. 수지가 얄미워진 소영이는 수지가 하는 말을 모두 나쁘게 들었던 것 같아. 그런데 더 놀라운 건, 수지가 그 남자아이와 영화를 본 적이 없다는 사실이었어.

"내가 분명히 봤거든!"

"아니야, 난 정말 그런 적이 없어!"

이런 대화, 한 번쯤은 경험해 보지 않았니? 아마도 그 남자아이랑 닮은, 혹은 수지랑 닮은 누군가를 보고 정보를 잘못 전했던 게 아닐까 싶었지. 사실 이것도 무엇이 어디까지가 진실인지는 몰라. 이후로 '진실이란 게 뭘까?', '내가 보고 들은 걸 어디까지 믿어야 할까?', '양쪽의 말이 서로 다른 사건을 해결할 땐 어떻게 판단해야 할까?' 이런 생각이 꼬리에 꼬리를 물었지. 나의 고민에 아버지는 법관이 갖추어야 할 자세와 법관이 아니더라도 세상을 바라볼 때 필요한 자세가 무엇인지에 대해 들려주셨어. 아버지와 '진실과 정의'에 대한 대화를 나누며 법에도 관심을 갖게 됐지. 그리고 지금은 학교에서 학생들에게 법에 대해서 알려 주고 함께 이야기를 나누는 사회 선생님이 되었어.

'법'이라는 단어를 들으면 무엇이 먼저 떠오르니? 학교에서 학생들에게 물으면, '처벌', '무서운 것', '감옥' 등의 대답이 많더라. 아마도 법이 잘못한 사람을 처벌하기 위해 존재한다고 생각해서 그런 것 같아.

하나만 더 물어볼게. '법 없이 살 사람'이라는 말을 들으면 어떤 사람이 떠오르니? 아마도 남에게 피해를 주지 않는 착한 사람이 떠오를 거야. 이것은 법의 역할 중에 악행을 처벌하는 부분만 생각해서 그래. 사실, 착한 사람은 법 없이 잘 살 수 없어. 법이 우리를 보호해 주고 있는 면도 많거든.

법은 우리의 삶과 매우 밀접하게 연결되어 있어. 법은 사회가 유지되기 위해서 반드시 지켜야 할, 강제성을 지닌 최소한의 규칙이야. 법은 소수의 사람이 다른 사람의 자유와 권리를 빼앗는 것을 막아 모든 사람의 자유와 권리를 보장해 주기도 하고, 사람들 사이에서 발생하는 다툼을 공정하게 해결해 정의로운 사회를 만드는 역할도 해.

지금부터 법이 왜 생겨났고, 어떻게 우리를 보호해 주며, 법이 추구하는 건 무엇인지를 함께 알아볼 거야. 선생님이 중학생 시절에 아버지와 어떻게 대화하며 법에 대해 알아 갔는지도 이야기해 줄게. 아마도 무척 재미있는 시간이 될 거야. 궁금했던 것들도 해결될 거고.

우리 함께 법의 매력에 빠져 보자고!

4장. 법이 추구하는 목적

5장. 범죄와 형벌

1장

법은 왜 생겼을까?

1. 법이 없는 사회는 어떤 모습일까?

법이 사라진 사회, 〈파리 대왕〉

아빠 오늘이 법 공부를 하기로 한 첫날이네. '법'이라고 하면 어떤 이미지나 단어가 생각나니?

나영 처벌이나 무서운 것? 공정한 것도 떠올라.

아빠 그럼 '법 없이도 살 사람'은 어떤 사람일 것 같아?

나영 착한 사람. 규칙 잘 지키고 남한테 피해도 안 주는!

아빠 그래? 근데 말이야, 규칙도 일종의 법 아닐까? 규칙을 잘 지키는 사람이랑 법 없이도 살 사람이 같다는 건 좀 말이 안 되는데?

나영 그렇긴 하네. 그럼, 무조건 착한 사람.

아빠 그런데 생각해 봐. 법이 없는 세상에서 착한 사람이 살아 남을 수 있을까?

나영 음, 인간의 본성이 선하다고 생각하면 가능하지!

아빠 나영이는 인간의 본성이 선하다고 생각해?

나영 응, 악하게 태어나진 않을 것 같거든.

아빠 인간의 본성에 대해선 학자들마다 의견이 좀 다르지. 그 런데 아빠도 나영이처럼 인간의 본성은 선하다고 믿어. 하지만 여기에는 조건이 있어.

나영 무슨 조건?

아빠 '생존에 위협이 없는 상태인 경우'라는 조건! 아빠가 영화 이야기를 하나 들려줄게.

영화 〈파리 대왕〉 (해리 훅 감독, 1992년)

육군사관학교 소년 생도 25명을 태운 비행기가 바다에 추락했어. 어느 무인도에 도착한 소년들은 살아갈 방법을 의논하기 위해 모였지. 서로 먼저 말하려다 보니 의견 수렴이 쉽지 않았고, 그때 누 군가가 '소라고둥'을 주워 와서 말하길, 소라고둥을 가진 사람만이 발언하기로 규칙을 정하자고 해. 그리고 의회를 소집할 때는 소라고둥을 불기로 약속하지.

소년들은 회의를 통해 구조 요청 신호를 보내는 게 시급하고, 그동안은 열매를 따 먹거나 물고기를 잡아먹으며 구조를 기다리자는 쪽으로 의견이 모아져. 이 규칙이 잘 지켜지도록 관리하는 지도자도 뽑지. 지도자로 선출된 랄프는 구조를 요청하기 위해 산에 불을 피우는 게 좋겠다고 의견을 내.

소년들은 피기가 끼고 있던 돋보기안경으로 빛을 모아 불을 만들게 되고, 이 불을 꺼트리지 않게 관리할 순서를 정해. 그리고 열매를 따는 사람과 물고기를 잡는 역할도 순서를 정해 나누지. 랄프와 피기의 지휘로 점차 질서가 잡혀 가.

어느 날, 섬 가까이로 배가 지나가. 이를 본 랄프는 배를 향해 손을 흔들지만 배는 섬을 지나쳐 멀어지지. 산에서 불을 피우기로 한 그날의 당번이 역할을 소홀히 해서 불이 꺼져 있었기 때문이야. 랄프가 소라고둥을 불어 보지만 아무도 모이지 않아.

불을 지키는 당번이었던 잭이 소년 몇 명을 모아

멧돼지 사냥을 하러 나갔거든.

랄프가 잭을 질책하자, 잭은 언제까지나 구조를 기다릴 수는 없는 거라고, 너처럼 구조를 기다리며 열매만 먹다간 다 굶주리게 된다며 랄프에게 맞서. 이후 잭은 따로 무리를 만들어 이탈하지.

잭과 그를 따르는 소년들은 산 위로 올라가 따로 본부를 만들어. 사냥으로 잭의 무리가 풍족한 먹을거리를 제공하자, 점차 잭의 무리로 들어가는 소년들이 늘고, 마침내 랄프 쪽에는 피기와 사이먼만 남게 되지. 잭은 섬에 괴물이 있다면서, 힘을 길러 괴물을 물리쳐야 한다고 말해. 그리고 자신의 명령을 어긴 소년들을 체벌하고, 사냥한 돼지의 목을 잘라 동굴 앞에 걸어 두지. 그곳에 파리들이 엄청나게 들끓어.

잭의 무리는 불을 피우기 위해 피기의 안경을 훔쳐. 랄프 일행은 안경을 돌려받으려고 잭의 본부가 있는 산을 올라가는데, 잭과 그의 무리가 굴린 큰 바위를 미처 피하지 못한 피기가 죽게 되지. 그때 피기가 들고 있던 소라고둥도 산산조각 나. 호기심이 많은 소년 사이먼은 정말 동굴 속에 괴물이 있는지 확인하고, 잭의 말이 거짓이라는 걸 알게 돼.
그것을 알려 주려고 아이들에게 달려가는데, 광기
에 사로잡힌 잭 무리의 소년들은 괴물이 사이먼의
모습으로 변장한 거라면서 그를 살해하지.
이제 잭의 무리에 속하지 않은 소년은 랄프 혼자
야. 잭의 무리는 랄프를 죽이려 하고, 랄프는 그들
을 피해 덩굴에 몸을 숨겨. 이것을 알아챈 잭의 무
리가 덩굴에 불을 지르지. 그 불은 섬 전체로 퍼지
고, 그 연기를 멀리서 본 영국 해군이 섬으로 와 소
년들을 구조해.

아빠 법이 없어진 세상을 본 소감이 어때?

나영 너무 무섭고 끔찍해. 먹을 게 풍족했으면 이렇게까지 되
지는 않았을 것 같아. 진짜 생존의 위협이 사람을 끔찍하
게 만드나 봐.

아빠 그치? 무인도에 도착한 소년들이 얼마 안 있어 구조되리
라 믿고서 의회를 소집하고, 대표를 뽑고, 질서를 만들어
간 게 '법'이 아닐까?

나영 응, 그런 것 같아. 그들의 '소라고둥'이 법을 나타낸다고
생각됐어. 그런데 점차 잭의 무리가 커지면서 법이 사라

지는 느낌이었어. 피기가 살해당하고 그가 들고 있던 소라고둥이 깨지면서 완전히 무법지대가 된 거지. 법이 사라진 세상은 정말 무섭네.

아빠 잭은 실제로 괴물이 없는 걸 알면서 괴물이 있다고 말한 이유는 뭘까?

나영 음, 외부에 강한 적을 만들면 자기들끼리 더 뭉치게 되는 심리를 이용한 거 아닐까?

아빠 오, 우리 딸 제법이네.

나영 그 괴물한테 보여 준다며 동굴 앞에 꽂아 둔 돼지 머리에 파리가 꼬이는 장면은 진짜 구역질이 났어. 그래서 제목이 '파리 대왕'인 거야?

아빠 히브리어로 파리의 왕을 '바알세붑'이라고 하는데, 악령이나 악령을 옮기는 역할을 하는 존재를 의미한대. 원작 소설에서는 한 소년이 환상 속에서 파리 대왕과 대화를 나누는데, 파리 대왕은 소년에게 이렇게 말해. "넌 알고 있었지? 내가 너희들의 일부란 걸. 아주 가깝고 가까운 일부란 걸 말야." 이게 무슨 의미일 것 같아?

나영 사람의 본성엔 선도 있지만 악도 함께 존재한다는 건가?

아빠 응, 아빠도 같은 생각이야. 특히 생존에 위협이 되는 상황이면 악이 좀 더 커질 수도 있는 것 같고.

나영 그래도 소년들이 구조돼서 다행이야. 그러지 않았다면, 정말 상상만 해도 끔찍해. 법이 사라지면 폭력이 난무하는 사회가 되는 것 같아. 그런 사회 속에선 '법 없이도 살 사람'이라고 할 때 떠오르는 '착한 사람'은 살 수 없는 세상이 되네.

아빠 이야기하다 보니 또 다른 사건이 하나 떠오르는군.

난파된 배에서 식인으로 살아남은 사람들

아빠 1884년 여름, 영국인 선원 4명이 탄 미뇨넷호가 대서양을 지나고 있었어. 뜻하지 않게 풍랑을 만나 남아프리카 연안에서 난파되어 작은 배로 옮겨 탔지. 그 배 안에는 순무 통조림 2개뿐, 물도 없었어. 그렇게 8일이 지났지. 선원들의 갈증과 배고픔은 극에 달했어.

나영 바다 한가운데에 있으면 언제 구조될지도 알 수 없는 거잖아. 엄청 두려웠겠다. 배도 고프고 목도 마르고…….

아빠 배고픔에 시달리던 선원들은 끔찍한 생각을 하기 시작했어. 다 같이 죽느니 1명을 희생해 그의 피와 살을 먹는 것! 배에 있던 4명은 선장인 더들리와 일등 항해사인 스티븐스, 일반 선원인 브룩스, 그리고 17세 소년 리처드 파커였어. 리처드 파커는 고아였고 나머지 선원들은 부양할 가족이 있었대. 파커는 갈증을 못 참고 바닷물을 마

많은 사람을 위해 한 사람이 희생되는 건 정당할까?

셔서 병에 걸린 상태였어. 선원 3명은 어린 파커를 희생해 그의 피와 살을 먹으며 목숨을 이어갔지. 그렇게 난파된 지 24일이 되던 날, 그들은 구조되었어. 아침 식사를 하고 있는데, 배가 나타나 구조됐다고 해. 그들의 '식사'가 뭔지 짐작이 가지?

나영 내가 생각하는 그거, 맞아?

아빠 그래, 영국으로 돌아온 선원 3명은 파커를 죽인 뒤 먹었다는 사실을 자백했어. "더 많은 사람을 살리기 위해 어쩔 수 없었습니다"라며 말이지. 사람이 극한 상황에 처하면 이런 결정을 하게 되기도 하나 봐.

나영 살기 위해서…….

아빠 그런데, 더 많은 사람을 위해 한 사람이 희생되는 건 정당한 일일까?

나영쌤과 함께 생각을 나눠 봐!

〈파리 대왕〉의 소년들이 구조된 후에 잭과 잭을 따르던 무리들은 처벌받아야 할까, 아니면 특수한 상황에서 생존하려고 저지른 일이었으니 용서해 주어야 할까?

2. 법, 제멋대로인 왕권을 제압하다

로빈 후드, 존 왕과 마그나 카르타

아빠 나영아, 로빈 후드 이야기 알지?

나영 응, 당연하지. 어릴 때 책으로 보고 애니메이션으로도 봤어. 아빠랑 같이 봤는걸?

아빠 그랬나? 그럼 로빈 후드 하면 뭐가 떠오르니?

나영 의적?

아빠 의적은 정의로운 도적이란 말인데, '정의'와 '도적'이 어울리는 말일까?

나영 어울리진 않지. 근데 억울한 사람들을 위해서 도둑질해
서 나눠 준 거잖아. 의도가 정의로우니까 의적이라고 하
는 거 아닌가?

아빠 그래도 도적은 도적인 것 같은데?

나영 그럼 힘없는 사람들은 억울하게 뺏기기만 하라고?

아빠 정당하게 안 뺏기면 되잖아.

나영 어떻게?

아빠 우리 오랜만에 〈로빈 후드〉 애니메이션을 다시 한번 볼
까? 첫 장면 자막 좀 읽어 볼래?

나영 "옛날 옛날, 잉글랜드의 왕 리처드가 십자군 전쟁에 나섰
다. 그사이 그의 탐욕스런 동생 존 왕자가 왕관을 차지했
다." 다시 봐도 정말 답답한 상황이야. 형제 모두 국민은
안중에도 없으니…… 아빠, 저거 봐. 왕이 된 존이 신하
들을 시켜 집집마다 세금을 거둬들이고 있어. 어린아이
가 생일 선물로 받은 용돈까지 털어 갔고! 세금을 못 낸
사람은 감옥에 가두기까지 하다니! 정말 이래도 되는 거
야?

아빠 조금만 참으렴. 로빈 후드가 존이 부당하게 걷은 돈을 다
시 훔쳐다가 사람들에게 돌려주잖아. 감옥을 열어 억울
하게 갇힌 사람들을 풀어 주고.

나영 근데 로빈 후드는 정말 있었던 사람이야?

아빠 그건 확실하지 않대. 그렇지만 리처드 왕과 존 왕은 실존 인물이지. 십자군 전쟁도 물론 실제 사건이고.

나영 응, 학교에서 십자군 전쟁에 대해 배워서 알아. 크리스트 교랑 이슬람교가 싸운 전쟁이잖아. 정말 이상한 것 같아. 하느님이든 알라신이든 다 이웃을 사랑하라고 가르치지 않아? 근데 왜 서로 싸우고 죽이고 하는 건지…….

아빠 그러게 말이다. 역사적으로 종교 전쟁은 많았어. 그중 하나였던 십자군 전쟁도 초기에는 종교적 신앙심에서 시작됐지. 하지만 갈수록 세속적인 탐욕이 커졌고, 결국 종교 대신 정치, 경제와 같은 세속적인 이해관계가 섞인 전쟁이라는 평가를 받고 있지. 그런데 생각해 봐, 전쟁을 하려면 돈이 많이 필요하잖아? 또 전쟁에 나갈 군인도 필요하고. 리처드 왕은 누굴 데리고 전쟁에 나간 걸까?

나영 영국 기사들 아니야?

아빠 맞아, 영국 기사들! 당시 영국에선 왕이 귀족들에게 땅을 나눠주고, 그곳을 자치적으로 다스리게 했어. 물론 왕이 다스리는 땅이 더 크긴 했지만. 그러면서 계약을 맺었지. "너희가 누군가로부터 위협을 받으면 내가 도와줄 테니, 너희도 내가 전쟁한다고 하면 도와라. 그리고 내가 필요

할 땐 세금을 내라" 이렇게.

나영 뭐, 서로 간에 돕는 계약이면 괜찮은데?

아빠 근데 이게 말이지, 리처드 왕과 존 왕 때는 서로 도우며 협력하는 일보다 왕이 귀족들에게 일을 시키거나 강요적인 경우가 훨씬 많아졌어. 전쟁에 필요한 돈을 시도 때도 없이 내놓으라 하고, 전쟁하러 같이 나가자고 하고.

나영 귀족들이 완전 싫어했겠는데? 전쟁에 나가면 목숨을 잃을 수도 있잖아!

아빠 그렇지. 조선시대 선비들을 생각해 보면 공부는 잘할 것 같지만 힘이 센 느낌은 아니잖아? 하지만 영국의 귀족들은 달랐어.

나영 맞아. 철갑 옷을 입고 칼을 찬 기사들의 모습 봤어.

아빠 그래, 지금으로 치면 군인 아니겠어? 그런데 왕에게 재산을 빼앗기고, 그에 더해 생명까지 담보 잡히는 전쟁에 계속 끌려가니까 불만이 쌓였지. 그래서 그들이 힘을 모으게 된 거야. 우리, 이렇게 더 이상 당하고 살지 말자고 말이야.

나영 그럼 군인들, 아니 기사들이 모여서 왕한테 간 거야?

아빠 맞아. 갑옷 입고 칼 찬 기사들이 존 왕한테 가서 한 문서에 서명하라고 했어.

나영 문서? 무슨 내용이 적혀 있었는데?

아빠 "의회의 동의 없이 세금을 걷지 마라. 자유민은 법에 의하지 않으면 가둘 수 없다"가 주요 내용이었지.

존 왕이 마그나 카르타에 서명하는 모습(출처: 위키피디아)

나영 왕이 거기에 서명했어?

아빠 서명을 안 할 수 있었겠어? 안 하면 죽게 생겼는데?

나영 아, 그렇네.

아빠 이 문서를 '마그나 카르타(Magna Carta)'라고 해. 라틴어로 '마그나(magna)'는 '크다'라는 뜻이고, '카르타(carta)'는 '권리를 표시한 문서'라는 뜻이야. 그래서 큰 문서를 뜻하는 '대헌장'으로 번역하기도 하지.

나영 마그나 카르타? 어, 우리 런던 갔을 때 보고 온 거 아니야? 어디서 봤더라? 맞다, 영국 도서관!

아빠 기억 잘하네.

나영 그땐 이게 뭐 그리 귀중한 문서라고 영국 도서관의 보물실 안에서도 따로 별도의 방을 마련해 두었나 했는데.

아빠 귀중한 문서지. 왕의 권력을 최초로 제한한 문서거든! 그 이전까지 왕은 신이 내려 준 존재라고 생각하고 왕은 뭐든 마음대로 할 수 있었는데, 그런 왕의 권력을 제한하겠다고 생각했다는 것 자체가 굉장히 의미가 큰 거거든.

나영 이게 언제 일이야?

아빠 1215년. 프랑스혁명이 1789년이니까, 그보다 500년도 더 앞서 있었던 일이야.

나영 영국이 자랑스럽게 여길 만하네. 그럼 그때부터 의회 정치가 시작된 거야?

아빠 그런 셈이지. 그런데 이때의 의회는 지금처럼 국민들이 뽑은 의원들로 이루어진 건 아니었어. 의회를 채운 건 성직자와 귀족들이었지.

나영 귀족들이 재산, 생명, 자유를 지키기 위해 법을 만들어 왕권을 제한한 거구나!

아빠 딩동댕! 왕도 법을 지키라고 하면서, 왕의 권력으로부터 귀족들의 권리를 보호한 거지.

나영 모든 사람에 대한 권리를 보장한 게 아니라 좀 아쉽네.

아빠 그런 아쉬움이 있지만, 왕도 법을 지켜야 하며 개인의 권리를 규제하는 것도 법에 의해서만 할 수 있다고 선언했다는 점에서 마그나 카르타의 역사적 의의나 영향력은 어마어마하다고 볼 수 있어.

시민혁명이 일어나다
: 영국 명예혁명, 미국 독립혁명, 프랑스 대혁명

아빠 프랑스의 루이 14세를 아니?

나영 응, "짐이 곧 국가"라면서 베르사유 궁전을 지은 왕이잖아.

아빠 맞아. 옆 나라 프랑스에서 왕은 신이 내린 절대적 존재라며 왕이 마음대로 할 때, 영국은 그러지 못했어. 마그나 카르타 이후 싹튼 의회 제도 덕분이었지. 그렇게 400여 년이 흘렀을 즈음, 다시 문제가 생겼어.

나영 무슨 문제?

아빠 스페인 무적함대를 무찌른 영국 여왕이 누구인지 알아?

나영 응, 엘리자베스 1세!

아빠 맞아, 엘리자베스 1세는 "나는 영국과 결혼했다"라고 말하면서 진짜 결혼을 하지 않았어. 그러니 후세가 없었지. 엘리자베스 1세가 죽고 나서 대를 이을 왕족의 혈통을 찾아보니 스코틀랜드에 있었어. 그가 제임스 1세고, 그

뒤를 이은 게 찰스 1세야.

나영 그런데 왜 문제가 돼?

아빠 응, 영국의 정식 이름은······.

나영 나 알아! U.K.! United Kingdom!

아빠 그래, 그 말은 왕국의 연합이라는 의미잖아? 영국은 잉글랜드, 스코틀랜드, 웨일스, 북아일랜드 각각이 왕국이 있는데, 그 연합체로서 U.K.라고 하는 거거든.

나영 아, 그럼 마그나 카르타에 의한 의회 제도가 싹텄던 곳은 잉글랜드였던 거야?

아빠 맞아. 한편 스코틀랜드에서는 잉글랜드와 달리 왕이 마음대로 하는 문화가 여전했지. 그곳에서 온 제임스 1세와 찰스 1세는 그 문화대로 행동했어.

나영 의회가 가만히 있지 않았을 것 같아. 다시 왕권을 제한하려고 하진 않았어?

아빠 그보다 더했지. 찰스 1세가 너무 멋대로 행동하자, 의회가 혁명을 일으켜.

나영 혁명?

아빠 응. 혁명의 결과로 찰스 1세가 처형당하고, 영국에는 왕정이 아닌 공화정이 선포돼. 영국의 정치가 올리버 크롬웰(Oliver Cromwell)의 주도로 일어난 일이었지.

나영 왕정은 왕이 다스리는 것일 테고, 그럼 공화정은 뭐야?

아빠 공화정은 다수에 의한 통치를 말해. 하지만 크롬웰은 절대왕정에 버금가는 독재를 했지.

나영 또 불만이 생겼겠네?

아빠 그랬어. 크롬웰이 죽고 나서는 결국 다시 왕정으로 돌아가. 찰스 1세의 아들인 찰스 2세, 그리고 제임스 2세가 왕위를 이었지.

나영 이젠 왕들이 좀 정신 차리고 잘했나?

아빠 아니, 그러지 못했어. 그래서 의회에서는 제임스 2세를……

나영 악! 또 죽였어?

아빠 아냐, 이번에는 달랐어. 의회는 제임스 2세를 왕 자리에서 내려오게 하고, 왕의 첫째 딸인 메리와 그의 남편 윌리엄을 공동 왕으로 추대해. 이 과정에서 아무도 죽이지 않았기에, 피를 흘리지 않은 혁명이라는 뜻에서 '명예혁명'이라는 이름이 붙었지. 공동 왕에겐 또 문서에 서명을 받았어.

나영 문서? 마그나 카르타처럼 왕권을 제한한 내용이겠네?

아빠 맞아. "의회 동의 없이는 세금을 거두지 않는다", "의원 선거의 자유를 보장한다" 등의 내용을 담아 의회가 왕권

을 제한한 문서야. 문서의 이름은 '권리 장전'이지. 1689
년의 일이야.

나영 "왕은 군림하되 통치하지 않는다!"가 이때 나온 말인가
보다.

아빠 제법인데? 이때부터 영국은 법을 제정하는 의회로부터
권력이 나오고, 의회에 의해 왕권이 제한되는 입헌 군주
제가 확립되어 지금까지 이어져 오고 있어. 그래서 영국
은 문서로 된 헌법이 없어.

나영 그게 무슨 말이야? 헌법이 없는 나라가 있다고?

아빠 보통 헌법은 나라가 세워지기 전에 그 나라를 어떻게 운
영할지를 정하는 문서거든.

나영 그래서 대한민국 헌법도 대한민국 정부가 수립된 1948
년 8월 15일 이전인 7월 17일에 만든 거잖아! 나도 그
정도는 안다고.

아빠 맞아. 그런데 영국은 권리 장전 이후 입헌 군주제가 지속
된 거라서 성문화된 헌법이 없는 거야.

나영 그럴 수도 있구나! 신기해.

아빠 법치주의와 인권 보장을 담은 권리 장전은 세계 각국의
민주 정치 발전에 큰 영향을 주었어. 미국에서는 1776년
미국 독립혁명을 거치며 독립 선언문이, 프랑스에서는

1789년 프랑스 대혁명 과정에서 프랑스 인권 선언이 선포되었는데, 여기에 권리 장전의 인권 보장 정신이 상당 부분 반영되었지. 그러고 보니 권리 장전 말고도 공통점이 있네. 뭔지 알겠니?

나영 글쎄……아, 모두 시민혁명이 있었네!

아빠 맞아! 영국의 명예혁명, 미국의 독립혁명, 프랑스의 대혁명 모두 시민이 주축이 된 혁명이었지. 권리 장전과 시민혁명은 이후 각국의 헌법이 규정하는 인권을 위한 조항으로 이어졌어. 우리나라 헌법에서 인권을 보장하는 부분인 '제2장 국민의 권리와 의무'에도 권리 장전의 내용이 들어 있지!

나영 수백 년이 지나서도 바다까지 건너 변치 않고 이어지다니, 뭔가 낭만적이야.

아빠 법치주의와 인권 보장을 담은 권리 장전은 세계 각국의 민주정치 발전에 큰 영향을 주었어. 여기서도 마그나 카르타와 마찬가지로 개인의 신체, 재산, 자유가 가장 중요한 가치로 여겨졌지. 잠깐! 여기서 보장한 신체, 재산에 대한 자유는 왕한테 뭘 해달라고 하는 걸까?

나영 아마도…… 내버려두라!

아빠 정답이야. 인권이 처음 등장했을 때는 이렇듯 국가에 뭘 해내라고 요구하는 게 아니라 우리를 그대로 내버려두라는 내용이었어. 내 신체와 재산은 나의 자유로 다루는 거니까 건들지만 말아 달라는 거였지.

나영쌤과 함께 생각을 나눠 봐!

영국은 마그나 카르타와 권리 장전으로 확립된 입헌 군주제와 의회 제도가 자리 잡고 조금씩 변화해 오면서 지금에 이르렀기에 문서로 된 헌법이 없다고 했잖아. 문서로 된 헌법이 없을 때 생길 수 있는 문제는 없을까?

오장

법과 근대 사회의 탄생

나영 법이란 게 당연히 오래전부터 있어 온 게 아니란 거, '나
라의 주인은 국민'이라는 상식이 엄청난 투쟁의 역사에
서 나온 거란 게 정말 신기해.

아빠 그렇지. 오늘날 많은 나라의 법은 시민혁명을 거치면서
만들어진 서양 근대법의 영향을 받았어.

나영 왕의 권력도 제한할 수 있다는 발상! 그게 참 멋지다는
생각이 들어.

아빠 아빠도 그렇게 생각해. 마그나 카르타가 나왔던 1215년
엔 정말 혁신적인 생각이었지. 이후 수백 년이 지나면서

그런 생각이 여러 사상가들에 의해서 이론으로 정립되기
시작했어.

나영 오, 사상가?

아빠 들어 봤으려나? 홉스, 로크, 루소!

홉스: 왕의 권력은 사회와의 약속에 의해 부여된다

나영 앗. 어려운데? 근데 나
홉스가 쓴 책을 영국 박
물관에서 본 것 같아. 표
지가 특이해서 유심히
봤었거든. 엄청나게 큰
왕 속에 작은 사람들이
무늬처럼 촘촘하게 들어
가 있었어.

아빠 우와, 기억력 대단한데?
책 이름은 기억나니?

나영 아……니! 그런 것까지
기대하는 건 너무…….

토머스 홉스가 쓴 《리바이어던》의
표지 (출처: 위키피디아)

아빠 리.바.이.어.던!

나영 아! 맞다. 책 이름도 특이했어. 이름이 괴물 같잖아.

아빠 맞아!

나영 응? 맞다고?

아빠 리바이어던은 성서에 나오는 괴물 이름이야. 죽지 않고 영원히 산다는 무시무시한 괴물이지. 하느님의 적이며 혼돈의 원리로 이야기해.

나영 아니, 근데 지금 왕권을 제한한다면서 뭐 그런 끔찍한 괴물 이름을 책 제목으로 붙인 거야?

아빠 영국의 철학자 토머스 홉스(Thomas Hobbes)는 국가 같은 것이 없는 자연 상태에서 사람들은 자신의 욕망을 채우기 위해 서로 이기적으로 행동할 거라고 생각했거든.

나영 성악설 같은 거야?

아빠 완전 성악설이라고는 할 수 없지만, 사람들이 근본적으로 욕망과 이기심에 따라 행동한다고 생각한 건 맞아. 자원은 한정적인데 서로 가지려고 하면, 어떻게 될까?

나영 아마도 싸움이 나겠지?

아빠 바로 그거야. 홉스는 서로 싸우는 혼돈의 상태가 된다고 했어. 그리고 이런 상태를 '만인의 만인에 대한 투쟁'이라고 했고.

나영 〈파리 대왕〉을 생각해 보면 그럴 수 있긴 하겠다 싶어.

아빠 그렇지. 혼란과 무질서의 자연 상태. 여기서 사람들은 자신을 보호하고 싶어 하는데, 이를 위해 만인을 모두 제어할 수 있는 강력한 존재가 필요하다는 거야.

나영 강력한 존재?

아빠 응, 강력한 왕. 절대 군주!

나영 뭐야! 왕권을 제한하고자 하는 생각에서 나온 사상이라고 하지 않았어?

아빠 반대로 보이겠지만, 홉스의 생각은 왕권을 제한하는 게 맞아.

나영 어떻게?

아빠 이전까지 왕의 권력은 하늘로부터 부여받은 거라고 생각했거든. 신이 내려 준 권력이란 거지.

나영 그런데 홉스는 왕권도 신이 내려 준 건 아니다?

아빠 응. 사람들이 자연 상태에서 서로 너무 싸우면 혼란스러우니까, 나를 남들로부터 보호해 줄 강력한 권력을 필요로 했다는 거야.

나영 그걸 왕한테 부탁한다는 거고?

아빠 맞아.

나영 아니, 뭐야? 결국 왕이란 틀을 못 벗어나는 거 아니야?

아빠 그래도 이게 당시로서는 엄청난 거였어. 홉스는 영국인인데, 당시 영국에 왕이 있었고 그 왕의 권력은 신이 내려 준 거라는 게 당연했는데, 그 생각을 바꾼 거니까!

나영 아, 또 그렇게 볼 수도 있구나.

아빠 사람들이 자연 상태 속 사회의 혼란을 막기 위해 왕이랑 '계약'을 맺은 거라고 말한 거야!

나영 계약?

아빠 응, 계약. 쉽게 말해 약속이야. 여러 사람, 그러니까 사회랑 왕이 약속을 맺은 거란 뜻이지. 그래서 '사회 계약설'이라고 불러.

나영 우와. 근데 《리바이어던》은 잘 팔렸어?

아빠 그게 말이지, 출간되자마자 금서가 돼서 말이야.

나영 금서라니? 금지된 책?

아빠 맞아. 신성한 왕의 권리를 부정하는 책이라고 왕과 왕을 지지하는 세력이 금서로 지정했어.

나영 왕의 힘이 신으로부터 받은 건 아니라고 했어도, 사회랑 계약 맺은 절대 군주를 주장했는데 너무하네.

아빠 그치? 근데 이 책을 보면 끝머리에 문제가 될 문장이 있긴 해.

나영 뭔데?

아빠 "통치자인 왕이 잘못하면, 국민들은 자유롭게 새로 계약을 체결해서 새로운 통치자(왕)를 세울 수 있다"고 했거든. 《리바이어던》 표지에 그려진 커다란 왕 속에 빼곡하게 작은 사람들이 그려져 있다고 했지?

나영 응.

아빠 그 그림이 바로 왕의 권력은 국민들과 맺은 약속에 의해 나온다는 걸 의미하는 거야.

나영 아하, 왕권이 사회와의 약속에 의해 부여된단 걸 강조한 거구나. 이해 완료!

로크: 사유 재산권을 위해 사회 계약을 맺다

아빠 두 번째로 살펴볼 영국의 사상가 존 로크(John Locke)는 자연 상태에 대한 생각이 홉스와 달랐어.

나영 그럼……성선설?

아빠 좀 비슷해. 백지설이라고 할 수 있겠지. 로크는 자연 상태에서도 사람들이 이성적이고 평화로운 존재였다고 생각했거든. 로크가 제일 중요하게 생각한 건 사유 재산권이었어.

나영 사유 재산권?

아빠 응. 재산권. 〈로빈 후드〉에서 자꾸 왕이 사람들의 재산을 빼앗아 가잖아? 로크는 사람들이 자신의 노동으로 얻은 재산을 갖는 것이 신이 부여한 권리라고 강조했어. 사유 재산은 왕도 함부로 빼앗아 갈 수 없다는 거였지.

나영 아, 그럼 사유 재산을 지키기 위해서 사회 계약을 맺는다고 본 건가?

아빠 맞아. 로크는 국가 권력은 시민들의 재산을 안전하게 보호하기 위해서 행사되어야 한다고 주장했어. 사유 재산권을 법으로 보호해야 되는데, 그 법은 의회에서 만드는 거지.

나영 그럼 의회에 권력이 있는 거네?

아빠 법을 만드는 권력이 의회에 있고, 또 이것을 집행하는 것도 권력이지. 로크는 사유 재산권과 생명을 지키기 위해서 통치 권력 일부를 사회 계약을 맺어서 양도한다고 생각했어.

나영 로크가 제일 중요하게 생각한 건 생명과 재산권이란 거구나. 이를 위해 사회 계약을 맺는 거라고 하는 걸 보면.

루소 : 개인과 개인이 속한 공동체 간에 사회 계약을 맺다

나영 그럼 마지막은 루소?

아빠 맞아. 프랑스의 철학자 장 자크 루소(Jean Jacques Rousseau)는 사회 계약이 공동체 전체와 개인 사이에 계약을 맺는 거라고 주장해.

나영 응? 공동체 전체와 개인이라니?

아빠 자기 자신을 포함하는 공동체와 자신이 계약을 맺는다는 거야. 자신이 속한 공동체에 자신의 권리를 양도하는 거지. 자신이 속한 공동체에 양도하는 거니까, 자신이 자기 권리의 주인이긴 한 거야.

나영 말이 좀 어렵다. 어쨌든 내 권리의 주인은 나고, 또 나는 공동체에 속해 있다는 거네. 그럼 공동체를 국가로 보면, 국가의 주인은 국민이란 건가?

아빠 제법인데? 맞아. 루소는 국민들 전체가 바라는 바를 '일반 의지'라고 표현했고, 이 일반 의지를 행사하는 게 나라의 주인 된 권리인 주권이라는 거야. 결국 국가의 주인은 국민이라는 뜻이지. 모든 사람에게 하늘로부터 부여받은 권리가 있다는 거고.

나영 프랑스 대혁명에서 주장한 게 그거 아냐? 지난번에 공부

하며 보니 천부 인권, 국민 주권 이런 내용이 나오던데?

아빠 맞아. 루소의 사상이 프랑스 대혁명의 사상적 뒷받침이
되었거든.

나영 홉스, 로크, 루소는 모두 사회 계약론 사상가들인 거지?

아빠 응. 조금씩 다르지만 그래도 세 사람의 공통점은 법은 사
람들이 스스로 권리를 양도하여 세운 국가에 그 권력을
집행할 수 있는 도구로 주어졌다는 거야. 이것이 바로 법
에 의한 통치, '법치주의'야. 개인의 권리를 통치자가 마
음대로 침해할 수 없고, 오직 법에 의해서만 개인의 자유
와 권리를 제한할 수 있다고 본 것도 공통점이지. 당시에
는 왕의 힘이 정말 강했어. 그래서 법을 만들어 왕의 권
력을 제한하는 게 가장 먼저였고, 이 생각이 점차 발전하
면서 모든 사람이 하늘로부터 권리를 부여받았다는 '천
부 인권' 사상과 나라의 주인 된 권리인 주권이 국민에게
있다는 '국민 주권'의 정신이 등장하게 된 거지.

2. 시민혁명 이후 이룩된 근대 사회의 모습은?

개인의 자유를 최대한 보장하라!

아빠 1776년에 영국에서 무슨 일이 있었는 줄 아니?

나영 뭐지? 나 연도에 좀 약한데……. 아! 잠시만 기다려 줘. 1789년은 프랑스혁명이 있었던 해이고, 100년 전인 1688년에는 영국 명예혁명이 있었으니까, 중간에 있었던 미국 독립혁명인가?

아빠 반만 맞았네? 미국에서 독립 선언문이 발표된 건 맞는데, 그건 미국의 일이잖아. 영국에서는 그때 정말 대단한 일이 일어났거든?

나영 뭐지? 아빠, 힌트 하나만 줘.

아빠 '나라가 부자 되는 법'에 대한 책이 출간돼.

나영 아! 《국부론》이 출간됐구나!

아빠 딩동댕.

나영 영국의 경제학자 애덤 스미스(Adam Smith)가 쓴 거잖아.

아빠 거기 나오는 유명한 말이 있지? "우리가 맛있는 빵, 고기를 먹을 수 있는 건 빵집 주인과 정육점 주인의 자비심 때문이 아니라 ○○○ 때문이다!"

나영 이기심!

아빠 정답이야! 빵집 주인, 정육점 주인이 자기 이익을 위해 돈을 벌려고 일하는 덕분에 우리가 맛있는 빵과 고기를 먹을 수 있다는 거지.

나영 "내버려두면 보이지 않는 손에 의해 균형이 맞추어지고 잘 돌아간다"라고도 했잖아?

아빠 맞아. 그런데 사실, 애덤 스미스가 언제나 내버려둬도 된다고 말한 건 아니었고…….

나영 그럼?

아빠 개인의 이익과 사회의 이익이 상충하지 않을 때, 또 무수히 많은 소비자와 무수히 많은 공급자가 있을 때 등 여러 조건을 걸어 두긴 했어.

나영 개인의 이익과 사회의 이익이 상충하는 때가 있어?

아빠 그럼, 있지. 만약 아빠가 알루미늄 공장 사장인데, 공장에서 폐수가 많이 발생한다고 해 봐. 당연히 그 폐수에는 나쁜 물질이 섞여 있겠지. 이때 정화 장치를 설치하는 게 사회적으로 좋겠지만, 사장인 아빠 개인의 이익을 위해선 정화 장치를 달지 않는 게 비용이 덜 들겠지.

나영 그렇겠다. 이럴 땐 정부가 정화 장치를 달도록 강요해야겠네.

아빠 맞아. 그런데 당시 시민혁명으로 이룩된 근대 국가에서는 개인의 자유, 특히 '내버려두라'는 자유를 중요시해서 이러한 규제를 하지 못했어.

나영 정말? 1776년이면 18세기잖아! 그때라면 영국에서는 증기 기관차를 비롯해 여러 기계가 생겨난 산업혁명이 있던 때 아닌가?

아빠 맞아. 산업혁명이 일어나 농장을 떠나 도시로 와서 공장에 취업하려는 사람이 많던 시기였지. 공장은 적고, 일하고자 하는 사람은 많았어. 국가는 경제 활동에 개입하지 말고 내버려두라는 생각이 퍼졌었고.

나영 아이고…… 그럼 아까 말한 알루미늄 공장 같은 곳에선 폐수를 마구 흘려보냈겠네?

아빠 그랬지. 공기도 많이 오염됐고.

나영 문제가 진짜 많은 사회였네. 과학 시간에 배웠던 것 같아. 그때 공기가 회색빛이어서 회색 나방이 눈에 안 띄어 많이 살아남게 되었다는 거.

최소한 인간답게 살 권리는 보장하라

아빠 이런 환경 문제보다 더 심각한 문제가 있었어. 국가가 경제 활동에 개입하지 않고 내버려두면 잘 돌아간다는 생각을 극단적으로 하다 보니, 일하기 힘들어 먹을 게 없는 사람도 내팽개쳐졌다는 거야.

나영 그러다 계속 굶으면 어떡해?

아빠 실제로 그런 일들이 많았어. 어릴 때 아빠와 함께 본 소설 《올리버 트위스트》 기억하니?

나영 당연히 기억하지! 어린아이가 너무 불쌍했던 이야기 맞지? 작가인 찰스 디킨스(Charles Dickens)도 어릴 때 구두약 공장에서 일했다면서. 그 경험으로 소설을 쓴 거라고 아빠가 말해 줬지?

아빠 그래. 당시에는 실제로 그런 아이들이 많았고, 장시간 일
해도 임금을 조금밖에 못 받았대. 영화 장면을 같이 볼
래? 찰리 채플린이 나오는 영화 〈모던 타임즈〉야. 주인
공은 컨베이어 벨트 앞에 서서 너트를 조이는데, 자기가
무얼 하는지도 모른 채 계속 조이기만 해. 컨베이어 벨트
속도가 빨라지자 거기에 맞추느라 기계 속으로 빨려 들
어가지! 그 모습은 마치 인간이 기계의 한 부품이 된 것

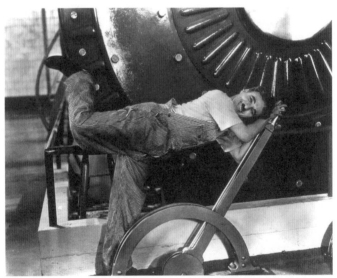

영화 〈모던 타임즈〉의 가장 유명한 장면. 거대 기계를 작업하는 주인공의 모습.
(출처: 위키미디어 코먼스)

처럼 보이기도 해.

나영 불쌍하다. 저렇게 일하면 자기가 무얼 만드는지도 모를 것 같아.

아빠 맞아, 게다가 노동자들은 임금도 적어서 자신이 만든 물건을 사기도 힘들었지. 그래서 막스 베버(Max Weber)라는 사회학자는 인간이 생산 과정에서, 또한 생산물에서도 '소외'된다고 말했어.

나영 소외? 따돌림을 당한다는 거지? 맞아, 그런 것 같아.

아빠 이런 노동자의 현실을 보고 카를 마르크스(Karl Marx)는 영국 도서관에 앉아 골똘히 생각하며 관찰한 내용을 바탕으로 자신의 이론을 정립해. 낮은 임금을 받으며 장시간 노동하는 게 지속되면 돈이 없을 테니 소비하기 힘들어지고, 그러면 물건이 안 팔리니 기업은 더 생산을 줄일 테고, 그러다 보면 직원 수도 줄여야 해서 실업이 많아지고, 실업자가 많아지면 당연히 소비는 더 줄고……

나영 와, 끝이 없는 악순환이네!

아빠 1920년대 말, 미국의 상황이 정말 그랬어. 1929년엔 실제로 미국의 주가가 폭락하는 사건이 발생해. 주식 시장 폭락은 경제 전체로 번져서 여러 은행들과 기업들이 문을 닫고 실업률은 치솟아. '대공황'이라고 불리지.

나영 아, 수업 시간에 들어 본 적 있어.

아빠 당시에 개인의 자유를 최대한 보장해야 한다고 주장하는 쪽에서는 '장기적으로 보면 결국 보이지 않는 손에 의해 경제가 안정화될 거'라고 주장했지.

나영 어, 근데 그때 뉴딜정책인가 뭔가를 하지 않았어?

아빠 맞아. 영국의 경제학자 존 메이너드 케인스(John Maynard Keynes)는 이런 상황에 대해 "장기적으로 기다리다간 그전에 다 죽고 만다"고 말하며 정부가 경제에 개입해야 한다고 주장했어. 이 의견에 따라 미국 정부는 테네시강 토목공사를 주도하고, 인부를 고용해 임금도 주었지. 케인스는 이렇게 정부가 뉴딜정책과 같은 마중물을 부어 주는 게 경제가 잘 돌아가는 데 필요하다고 봤어.

나영 그 정책이 효과는 있었어?

아빠 학자들마다 의견이 좀 다르긴 한데, 대체로 힘든 시기에 사람들이 버틸 수 있게 도움을 주었다는 데는 동의해. 또한 이 일로 '인간답게 살 권리'라는 새로운 권리 개념이 생겨나지. 시민혁명 이후로는 "국가여, 내 생명과 재산은 내 것이다! 건들지 말라!" 하는 자유권이 중요했다면, 이 젠 "국가가 내 생명과 재산을 위해 뭘 해달라"고 좀 더 적극적으로 요구하게 된 거야. 이것이 바로 최소한의 인간답게 살 권리는 국가가 보장해 주어야 한다는 거고, 이를 '사회권'이라고 불러. 개인의 인간다운 생활을 보장할 책임이 국가 및 사회에 있다는 사상에서 발생한 권리이지. 우리나라도 교육을 받을 권리와 쾌적한 환경에서 생활할 권리, 노동3권(단결권, 단체 교섭권, 단체 행동권) 등이 헌법에 명시되어 있어.

경제는 초기 자본주의, 정치는 야경국가

아빠 시민혁명 이후 수립된 근대 국가는 자유권(생명, 자유, 재산)을 가능한 최대한도로 보장했어. 국가는 시장에 대한 개입을 최소화하고 국방과 외교, 치안 등의 질서 유지 임무만 맡았지. 다른 나라의 침략을 막는 역할, 그리고 폭행이나 절도 등을 못 하게 질서를 유지하는 정도로 말이야. 국가의 역할이 마치 야간의 경찰과 같다고 해서 '야경국가'라고도 불러. 또 산업혁명 시기와 맞물리면서 농업 사회가 산업 사회로 변화했고, 애덤 스미스의 자유방임주의 사상이 결합되어 국가는 개인의 자유로운 경제 활동을 최대한으로 보장했는데, 이런 경제 체제를 시장 경제 체제, 혹은 자본주의 체제라고 불러.

나영 시장 경제가 이때 나왔구나.

아빠 국가는 경제 활동에 전혀 개입하지 않고 내버려두고, 최대한 재산권 행사의 자유를 보장했지. 경제가 빠르게 성장했지만, 영화 〈모던 타임즈〉에서처럼 근로자들이 저임금에 장시간 노동을 하는 등 문제도 발생했어. 이런 상태가 지속되면 사람들은 소비를 못하고, 기업은 생산을 줄이고, 직원 수도 줄여 실업이 많아지고, 실업자가 많아지면 당연히 소비가 더 줄어드는 악순환이 생길 거라고 마르크스가 말했었지? 그리고 결국 노동자들이 폭동을 일으켜 이런 자본주의가 무너질 거라고도 했어. 그가 말한 악순환으로 심각한 경기 침체, 경제 대공황이 생긴 건 맞지만, 자본주의 체제가 무너지지는 않았어. 존 메이너드 케인스가 제시했던 것처럼, 정부가 적극적으로 경제 활동에 개입하기 시작했거든.

나영 시장 경제에 정부가 개입해도 여전히 자본주의야?

아빠 자본주의 틀 안에서 정부가 어느 정도 개입하는 '수정 자본주의' 형태가 되는 거지. 정부가 지출을 늘려 직접 일자리를 만들기도 했어. 사실 이런 정부의 노력이 경제에 얼마나 도움을 주었는지는 알 수 없지만 급한 불을 끄고, 사람들이 먹고 살 수 있도록 도운 건 맞아. 미국 경제가 경제 대공황 이후 확 살아날 수 있었던 건 아이러니하게도 2차 세계대전 때문이긴 해. 2차 세계대전은 미국과 멀리 떨어진 유럽에서 일어났고, 미국은 전쟁에 필요한 물자를 팔 수 있었거든! 오해는 하지 말아 줘. 전쟁이 좋다는 의미는 아니야. 끔찍한 전쟁은 절대로 일어나선 안 되는 게 맞지! 결과적으로 미국 경제에 도움이 되긴 했었다 정도로 이해하면 좋겠어.

나영 카를 마르크스가 초기 자본주의의 폐해를 지적했다고 했잖아. 당시 영국 사회를 보면 충분히 그런 생각을 할 수 있었을 것 같긴 해.

아빠 그렇지. 하지만 마르크스의 예측대로 자본주의가 무너지진 않았고, 스스로 변화하며 더 성숙한 자본주의가 성립되었어. 오히려 마르크스의 이론을 이어받아 세운 공산주의 사회가 사람들에게서 열심히 일하고자 하는 마음을 앗아가 무너져 버렸지. 공산주의에 대해선 들어 봤지?

나영 응! 공산주의는 생산에 필요한 토지, 자본 등의 생산 수단을 국가가 소유하고, 국가가 어떤 물건을 얼마나 만들지 계획하고 그에 따라 생산하는 체제라고 알고 있어. 모든 사람에게 생산의 대가를 동일하게 지급하고 말이야.

아빠 공산주의 체제라고 해서 사유 재산이 없는 건 아니야. 생산 수단을 국가가 소유하고 경제 활동을 국가의 계획에 따라 하는 것뿐이지. 그런데 공산주의의 가장 큰 문제는 혁신이 잘 발생하지 않는다는 거야. 모든 사람에게 생산의 대가를 동일하게 지급하는데, 뭔가 새로운 혁신을 만들어 내고 싶은 마음이 들겠어? 스티브 잡스가 아이폰을 개발한 데는 여러 동기가 복합적으로 작용했겠지만, 자신의 이익이 커진다는 게 중요한 유인이었던 건 분명해 보이지 않니?

나영 그렇지. 자유로운 경제활동을 통해 개인의 이익을 추구하며 상품의 생산과 소비가 이뤄지는 게 시장경제의 핵심이니까.

아빠 그래, 맞아. 자본주의 체제의 발상지인 영국의 국민들에게 존경하는 사상가를 물으면 여러 사람이 언급되는데, 그중 카를 마르크스는 빠지지 않고 등장해. 처음에는 왜일까 했는데, 어쩌면 그의 사상으로 많은 수혜를 받은 게 자본주의 체제일 수도 있겠다 싶었어. 무슨 말이냐고? 그의 이론이 있었기에 '인간답게 살 권리'인 '사회권'이 중요해져서 최저 임금제도 생기고, 근로 환경도 개선되고, 또 적어도 굶어 죽는 일은 없게 하는 사회 안전망도 마련하게 된 게 아닐까 싶어서. 한마디로 복지를 생각하는 사회로 거듭날 수 있게 도운 게 아닐까 싶어. 물론 대공황과 이를 극복하고자 한 케인스의 이론이 더 직접적으로 자본주의 개선에 영향을 주긴 했지만 말이야.

나영쌤과 함께 생각을 나눠 봐!

마르크스는 자본주의를 비판했어. 자본가들이 자신들의 이익만을 최대한 추구하며 노동자들의 임금을 적게 주면, 결국 소비가 줄고, 기업의 물건이 안 팔리니 생산을 줄이고, 실업이 많아지는 악순환이 생긴다고 말이야. 그래서 결국 노동자들은 폭동을 일으키게 된다고 했지. 하지만 그의 생각이 오히려 자본주의가 성숙하는 데 도움을 주었다는 의견도 있어. 너는 어떻게 생각하니?

3장

법이 보호하는 우리의 권리

1. 자유권과 사회권

아빠 인권 중에서 이건 너무 중요해서 국가에서 꼭 보장해 줘
야겠다고 생각하는 인권을 헌법에 보장해 두었어. 이를
'기본권'이라고 해.

나영 헌법이 보장하는 국민의 기본적인 권리를 기본권이라고
이해하면 되겠네.

아빠 맞아. 우리나라 헌법 제10조에는 "모든 국민은 인간으로
서의 존엄과 가치를 가지며, 행복을 추구할 권리를 가진
다"라고 적혀 있어. 인간의 존엄과 가치, 행복추구권을
규정하고 있는 거지. 그리고 이것들을 구체적으로 실현

하는 데 필요한 자유권, 평등권, 사회권, 참정권, 청구권을 보장해. 자유권과 사회권을 먼저 이야기해 보자.

자유권: 날 내버려둬

아빠 자유권은 강력한 왕의 권력으로부터 내 생명과 내 재산을 지키고자 탄생한 권리야. 국가에 뭘 해달라고 적극적으로 요구하는 게 아니고 내버려두라는 권리라고 말했지? 자유권에 해당하는 권리는 여럿 있지만, 가장 먼저 등장한 건 '신체의 자유'와 '재산권 행사의 자유'야.

나영 신체의 자유란 건 국가 권력이 나의 신체를 함부로 건드릴 수 없다는 것을 말하는 거야?

아빠 맞아. 좀 더 구체적으로 말하면, '신체 안전의 자유'와 '신체 자율의 자유'가 포함되지. 이를 지키기 위해 법은 여러 원칙을 만들어 뒀는데, 중요한 몇 가지만 이야기해 볼게. 헌법에는 "법률에 의하지 않고는 체포·구속·압수·수색 또는 심문을 받지 않는다"라고 적혀 있는데, 이에 따라 국가 권력은 함부로 사람을 체포하거나 구속할 수 없어. '영장'이라는 말, 들어 봤어?

나영 드라마나 영화에서 봤어!

아빠 체포나 구속, 압수, 수색을 할 땐 법이 정한 절차에 따라 검사가 신청하고 법관이 발부한 영장을 제시해야 해. 또 중요한 건 고문 금지! 아무리 범죄를 저질렀다고 의심받는 상황이어도 형을 확정받기 전까지는 무죄인 것처럼 대해야 하고, 그러니 조사 과정 중 고문이 있으면 절대 안 돼. 그래도 몰래 고문할 수 있으니까 안전장치를 하나 더 마련해 두었어. 다른 증거가 없을 땐 자백만이 유일한 증거인데, 그 자백이 피고인에게 불리한 경우엔 증거로 쓸 수 없다고 정해 둔 거야. 이렇게 해 두면 어차피 증거로 쓸 수 없는데 무리해서 자백을 받고자 고문하지 않을 테니까 말이야.

나영 국가의 역할을 제한함으로써 보장되는 권리인 것 같아.

아빠 그렇지. 이 밖에도 자기 재산을 자유롭게 사용할 수 있는 '재산권 행사의 자유', 살고 싶은 곳으로 이사할 수 있는 '거주 이전의 자유', 국민의 알 권리를 위해 언론에 보도하고 책을 펴내고 집회를 열 수 있는 '표현의 자유' 등이 모두 자유권에 포함돼. '직업 선택의 자유'와 '종교의 자유'도 있지.

아빠 사회권은 최소한의 인간다운 삶을 위한 권리를 말해. '인간다운 생활'을 위해 국가에 적극적인 배려를 요구하는 거지. 인간다운 생활 또는 생존에 필요한 여러 조건을 요구할 수 있는 권리인 생존권과 교육받을 권리, 일할 수 있는 권리인 근로권과 근로자로서 정당한 처우를 요구하기 위해 단체 행동을 할 수 있는 권리, 쾌적한 환경에서 살 권리 등이 사회권에 포함돼. 실질적 평등과 분배 정의를 지키는 권리라고 할 수 있지.

나영 사회권은 국가가 적극적으로 개입하는 권리 같아.

아빠 맞아, 그런데 생각해 봐. 사회권을 잘 보장하려면, 자유권 보장은 줄어들 수밖에 없어. 가난한 독거노인이나 일하기 힘든 장애인의 생존권을 보장하기 위해서는 나라에서 돈을 써야 하잖아. 사회보장제도를 마련해 생활비도 지원하고, 의료비도 지원해야 하니까. 또 우리나라 학생들은 의무교육까지는 모두 무료로 학교에 다닐 수 있고, 급식도 무료로 먹고 있어. 나라가 돈을 쓰는 거지. 나라의 돈은 세금에서 나오는데, 안 그래도 먹고살기 힘든 사람들에게 막 세금을 거둘 수는 없잖아. 그럼 자연스럽게 부자들에게 많이 걷어야 될 거야. 그러면 그만큼 부자들의 재산권 행사의 자유가 줄어들게 되겠지. 자유권과 사회권 사이의 균형, 참 어려운 일이지?

자유권과 사회권 사이에서

나영 아빠는 자유권과 사회권, 뭐가 더 중요하다고 생각해?

아빠 둘 다 중요해서 뭐가 더 중요하다고 말하기는 어려운걸. 다만 사회권을 많이 보장하려고 하면 어쩔 수 없이 자유권, 특히 재산권 행사의 자유가 제한될 수밖에 없어.

나영 그렇지. 자유권을 최대한 보장하려 하면 사회권, 그러니까 복지가 줄어들 수밖에 없고.

아빠 맞아! 복지 수준이 높은 스웨덴을 보면 가장 부유한 사람들에게 적용되는 소득세율이 52%(2023년 기준)야.

나영 와, 진짜 높다. 번 돈의 상당 부분을 세금으로 내야 하네!

아빠 이렇듯 자유권(자유권 행사의 자유)과 사회권(복지)은 충돌하는 부분이 있지. 스웨덴을 비롯한 북유럽 국가들은 최고 소득세율이 70%를 넘겼던 적도 있어. 최근 낮추게 된 거지.

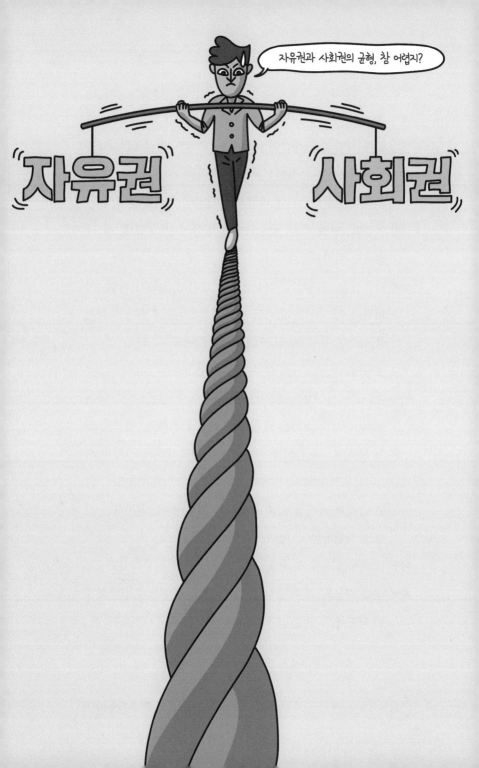

나영 왜? 사람들이 세금을 많이 내길 싫어해서?

아빠 응, 버는 돈의 대부분을 세금으로 내는 게 싫었나 봐. 기업과 사람들이 세금이 낮은 나라로 떠나거나 국적을 옮기기도 했어. 뮤지컬 〈맘마미아〉의 노래를 부른 가수는 스웨덴 사람이었는데 미국으로 이민해 국적을 옮겼어.

나영 어렵다. 어떤 게 더 중요하다고 말할 수는 없겠네. 둘 다 중요한 권리니까.

아빠 자유권을 상대적으로 더 중시한 국가가 있는가 하면, 사회권을 더 중시한 국가도 있었지. 대공황 후에는 사회권을 강조한 유럽 국가들이 많았고, 영국도 그랬어.

나영 영국이?

아빠 응, 그래서 1979년에 영국의 총리가 된 마거릿 대처 (Margaret Thatcher)는 다시 자유권을 강조하며, 세율을 많이 낮췄어. 세금을 줄여줘야 기업들이 새로운 사업을 하고, 고용도 늘려서 경제가 성장할 거라고 생각했거든. 반면 국가가 복지를 위해 지출하던 건 줄였어. 쇠퇴하는 산업을 지원하는 건 낭비라고 봤고.

나영 그래서 효과가 있었어?

아빠 당시 영국의 경제 성장률이 높아지긴 했지. 하지만 희생된 사람들도 있었어.

나영 희생된 사람들?

아빠 18세기 산업혁명 때 활발하게 개발한 탄광에서 일했던 광부들이 결국 일자리를 잃게 되었지. 1970년대까지도 영국은 석탄을 많이 생산했거든. 그런데 마거릿 대처 수상이 석탄 대신 석유를 주요한 에너지로 사용하게 되었으니 탄광을 없애기로 한 거야.

나영 하루아침에 일자리를 잃다니, 얼마나 힘들었을까?

아빠 아빠 생각도 그래. 그래서 요즘은 국가 정책으로 인해 일자리를 잃는 경우엔 국가에서 지원해 주는 경우가 많아.

나영 우리나라도?

아빠 그럼. 자유무역협정(FTA)으로 농산물의 가격이 떨어져 피해가 생긴 사람들에게 더 맛있는 과일을 키울 수 있게 교육을 제공하는 등의 제도 지원이 있었거든. 요즘 우리나라의 과일은 당도도 높고 정말 맛있어졌어!

나영 국산 과일이 더 맛있어진 이유가 품종 개량 때문이구나!

아빠 정리해 보면, 자유권과 사회권은 시대에 따라서, 또 국가에 따라서 더 무게를 두는 쪽이 생기는 것 같아. 미국은 좀 더 자유권을 중시하고, 그에 비해 북유럽 국가들은 사회권을 좀 더 중시하지. 그래서 스웨덴, 노르웨이, 핀란드 같은 북유럽 국가들은 대학교 학비도 무료야.

나영 와, 신기하다. 교육도 사회권에 들어가는구나.

아빠 인간답게 살려면 교육이 필요하잖아? 우리나라도 중학교까지의 교육을 무료로 제공하도록 헌법에서 보장하고 있어. 돈이 없다고 학교를 못 다니면 안 되니까. 교육은 의무이지만 권리기도 해.

나영 다시 자유권과 사회권의 충돌로 돌아와서! 아빠, 궁금한 게 있어. 아까 마거릿 대처가 집권하면서 영국이 성장했다고 말했잖아? 그럼 일자리도 많아지지 않았어?

아빠 응, 그렇게 생각할 수도 있지. 성장으로 인해 일자리가 많아지고, 여러 사람이 잘 살게 된다고. 이러한 생각을 '낙수 효과'라고 부르는데, 정말 그런 효과가 있었는지는 학자마다 의견이 분분해. 어떤 데이터를 사용하는지에 따라 해석이 달라지기도 하거든.

나영 그때 미국은 어땠어?

아빠 1980년대 미국은 로널드 레이건(Ronald Reagan) 대통령이 집권했는데, 영국의 대처 수상과 비슷하게 기업의 자유로운 경제 활동을 중시했어. 규제를 줄이고 기업들에 대한 세금도 낮췄지.

나영 세금을 걷어서 도로도 만들고, 학교 급식도 무료로 주고, 아플 때 내는 진료비도 저렴하게 깎아 주고……. 좋은 게 정말 많은데 너무 많이 걷으면 그것도 문제일 것 같아. 일해서 돈을 벌 의욕이 떨어질 수도 있으니까. 세금 내는 게 싫어서 국적을 옮기는 사람이 많아질 수도 있고. 그래서 또 궁금! 우리나라에서 가장 높은 구간의 소득세율은 얼마야?

아빠 46.2%!

나영 우와, 꽤 높네. 미국은?

아빠 37%야.

나영 미국이 우리보다 좀 더 자유권을 중시하는 건가?

아빠 더 정확히 말하면, 재산권 행사의 자유를 좀 더 중시하는 거지. 자유권 안에는 여러 가지가 있거든. 가장 중요한 생명과 신체의 자유, 거주 이전의 자유, 종교의 자유, 언론 출판의 자유 등 말이야.

2. 평등권, 법 앞의 평등

> **평등권: 법 앞에서는 누구나 평등하다**

아빠 헌법이 보장한 '평등권'은 어떤 평등을 말하는 걸까? 결과의 평등을 의미할까?

나영 아빠는 내가 바본 줄 아나 봐. 당연히 아니지. 결과가 같으려면 모두 똑같은 재산, 사회적 지위를 누려야 한단 건데 말이 안 되잖아? 결과의 평등이 아니고, 기회의 평등이지!

아빠 아니, 틀렸어.

나영 응? 그럼?

아빠 법 앞의 평등! 우리 헌법에서는 "누구든지 성별, 종교 또
는 사회적 신분에 의하여 정치적·경제적·사회적·문화
적 생활의 모든 영역에 있어서 차별을 받지 아니한다"라
고 평등권을 규정하고 있어. 당연히 법 내용에도 불평등
한 사항이 들어가서는 안 되고!

재판은 공정해야 해

나영 법 앞의 평등! 예를 좀 들어줘.

아빠 재판받는데 한쪽이 내 친구라고 그쪽에 유리하게 판결하면 될까?

나영 당연히 안 되지.

아빠 정의의 여신상을 본 적 있니? 두 눈을 가리고 한 손에는 저울을, 다른 한 손에는 칼을 쥐고 있잖아. 법 앞에서 어느 쪽으로든 기울지 않겠다는 거야. 그렇다고 개인의 사회적 지위나 다른 여건에 상관없이 똑같이 대우해야 한다는 의미는 아니야. 합리적인 이유 없이 차별해서는 안 된다는 뜻이지.

나영 합리적인 이유? 그럼 동일한 범죄에 대해서 처벌이 달라질 수도 있어?

아빠 똑같이 1,000만 원을 훔쳤다고 해도, 부자의 1,000만 원과 그 돈이 없으면 살아가기 어려운 가난한 사람의 1,000만 원이 다르지 않겠어? 그 행위로 인한 피해 정도도 다르겠지.

나영 아, 그렇긴 하네.

아빠 살인 사건이라도 살인의 동기가 무엇이었는지, 치밀한 계획에 의한 것이었는지 우발적인 감정에 의한 것이었는지 등에 따라 처벌 정도가 달라질 수 있어.

나영 살인하면 처벌의 수위는 어느 정도 되는데?

아빠 살인죄의 경우, 우리 형법에 따르면 5년 이상의 징역형 혹은 무기징역이나 사형까지 선고할 수 있어.

나영 5년 이상? 범위가 너무 넓은 거 아니야?

아빠 그렇긴 하지. 살인을 저지른 게 맞다고 판단되면, 법관은 여러 양형 기준을 펼쳐 두고 검토해. 죄를 무겁게 하는 가중 사유와 가볍게 하는 감경 사유에 뭐가 있는지 따져 보는 거지.

나영 양형 기준?

아빠 응. 형벌의 정도 또는 형벌의 양을 결정하는 일을 양형이라고 해. 그런데 양형에는 기준이 몇 가지 있거든.

나영 기준이 뭔데?

아빠 피고인의 연령·지능·환경이 어떻고, 피해자와의 관계는 어떠했나. 또 범행의 동기가 무엇이었고, 범행에 어떤 수단을 썼고, 그 결과가 어땠나. 범행 후의 정황은 어떠했나 등이 양형 기준에 해당해.

나영 기준이 엄청 많네. 이런 걸 고려해서 그 넓은 양형 범위 내에서 처벌을 결정하는 거구나. 만약 살인을 한 것 같긴 한데, 확실하지가 않다면?

아빠 '의심스러울 땐 피고인의 이익으로'라는 원칙이 있어. 확실한 증거가 없다면 처벌할 수 없는 거지.

나영 억울한 사람을 만들면 안 되니까 그렇긴 하겠다.

아빠 맞아. 범죄에 해당하는 행위를 했더라도 그 사람이 정상적인 판단을 내리기 힘든, 다시 말해 심신이 미약한 상황이었다면 감형하고, 판단이 아예 불가능한 심신상실 상황이었다면 처벌하지 않아. 심신상실 상태에서 한 행동은 죄가 되지 않거든.

나영 심신상실?

아빠 정신적으로 심각한 문제가 있어서 판단할 능력이 없었던 상황 같은 걸 의미해.

나영 그럼 죄를 지어 놓고 거짓말로 "저는 정신적으로 문제가 있어요! 판단할 수 없는 상태였다고요!"라고 주장하면 어떻게 해?

아빠 그렇게 악용할 수 없도록 정신과 의사 선생님의 감정도 받고, 여러 가지 검증 절차를 거치게 되어 있어.

나영 역시 법이 허술하진 않구나.

취업의 평등 VS 고용의 자유

아빠 몇 년 전, 뉴스에서 대머리여서 취업이 안 되었다는 기사를 봤어. 호텔 임시 직원 채용이었는데, 서류도 통과하고 면접도 잘 봤나 봐. 일하러 오라는 합격 문자를 받고 출근했대. 그런데 호텔에서 대머리인 걸 보더니, 호텔 손님들에게 불쾌감을 줄 수 있어서 함께 일할 수 없겠다고 했다는 거야. 이건 평등권의 침해일까?

나영 당연하지! 외모로 차별하면 안 되는 거 아니야?

아빠 맞아, 평등권의 침해라고 볼 수 있을 것 같지? 그런데 불과 십여 년 전만 해도 직원 채용 공고에 '용모 단정'이란 문구가 있었어. 또 나이 제한이 있는 경우도 많았고. 요즘은 채용 공고에 이런 걸 쓰지 못해. 외모나 나이를 이유로 차별받으면 안 된다는 거지.

나영 하지만 직업이나 직무의 특성상 반드시 성별 구분이 필요한 경우엔 어떡해? 여자 기숙사의 사감을 남자가 할 수는 없잖아?

아빠 직무 특성상 특정 성이 불가피하게 요구되는 예외의 경우에 적용할 수 있는 조항이 남녀고용평등법에 있긴 해. 그런데 말이야, 고용하는 사장의 입장에서 생각해 보면,

내가 뽑고 싶은 사람을 직원으로 뽑을 자유를 침해받는 건 아닐까? 경제학에 '외모 프리미엄(Beauty Premium)'이라는 용어가 있어. 경제학자들이 연구해 본 결과, 외모가 준수한 근로자가 그렇지 않은 사람에 비해 생산성이 더 높았다는 거야. 모든 분야가 그렇진 않겠지만, 서비스 업종에서는 특히 그런 것 같아. 잘생긴, 혹은 예쁜 아르바이트생이 있는 패스트푸드점의 매출이 같은 프랜차이즈의 다른 지점에 비해 매출이 높다 하더라고. 평등권과 자유권, 둘 다 중요하기에 팽팽하게 맞서고 있는 느낌이야.

나영 그러한 연구 결과가 있다고 하니, 내가 사장이래도 좀 고민이 되긴 할 것 같아. 그래도 나는 각자의 평등권이 우선되어야 한다는 데 한 표!

아빠 예전에 우리나라 공무원 시험에는 군대 다녀온 사람에게 가산점을 주는 제도가 있었어. 그런데 군대는 보통 남자가 가잖아? 군대에 다녀온 거로 가산점을 주면 평등권에 위배되지. 결국 가산점을 주는 제도는 성차별에 해당된다고 봐서 없어졌어.* 그런데 한편으론 '여자도 자원해서

---

*제대군인 가산점제도는 헌법상의 근거가 없으며, 여성·신체장애자 등의 평등권 및 공무담임권이 침해되어 헌법에 위배된다며 1999년에 헌법 재판소가 위헌 판결을 내리면서 폐지되었다.

군대에 다녀오면 가산점을 받을 수 있는 것 아닌가?' 하는 의문이 들기도 할 거야. 너는 어떻게 생각하니?

나영쌤과 함께 생각을 나눠 봐!

1992년, 셰릴 호프우드라는 미국인이 대학교를 졸업하고 텍사스 법학전문대학원에 입학 원서를 냈는데 떨어졌어. 그녀는 의아했지. 그녀보다 점수가 낮은 지원자 중에도 합격자가 있다는 걸 알게 되었거든. 그들에겐 공통점이 있었는데, 흑인, 라틴계, 아시안 등 백인이 아니라는 점이었어. 그들이 합격한 이유는 미국의 '소수집단우대정책' 때문이었지.

텍사스 법학전문대학원은 입학생의 약 15%를 흑인이나 라틴계 미국인 등 소수집단에서 선발해. 법의 공정성을 위해 모든 집단이 법 집행에 참여할 수 있도록 법학전문대학원 입학 비율을 정해 둔 거야. 전체 텍사스 주민 중 40%가 흑인과 라틴계 미국인이지만, 법조계에서 일하는 비율은 훨씬 적다고 여겨져서지.

너희는 미국의 이 정책을 어떻게 생각하니?

3. 참정권, 사회의 주체로 인정받는 권리

참정권 보장의 역사

아빠 참정권은 정치에 참여할 권리야. 정치는 사람들이 함께

모여 살아가면서 생기는 갈등을 조정하고 합의를 이뤄

의사 결정을 내리는 과정이지. 그러니 참정권은 사회의 모든 구성원이 가져야 할 권리야. 물론 일정 연령 이상인 사람들의 경우에 말이야. 우리나라도 2019년 12월 27일, 투표에 참여할 수 있는 선거권 연령을 19세에서 18세로 낮추는 '공직선거법' 일부 개정법률안이 통과되어 2020년 4월 15일 제21대 국회의원 선거 때부터 18세 청소년이 유권자로 투표권을 행사할 수 있게 되었지. 참정권의 확대는 전 세계적인 흐름이야.

나영 참정권은 언제부터 생겨난 거야?

아빠 강력한 왕이 지배하던 때엔 시민들에게 참정권이 주어지지 않았어. 시민혁명을 거치면서 점차 시민들이 참정권

을 가지게 됐지. 왕으로부터 자신의 재산권을 지키고자
했던 데서 시민혁명이 시작되었다고 했잖아? 근대 사회
초기엔 이처럼 돈이 많은 시민, 즉 유산 시민부터 정치에
참여했어. 그게 점차 재산이 많지 않은 가난한 시민, 즉
무산 시민까지 확대되었지. 그런데 이때의 시민은 백인
남자 시민을 말하는 거였어.

나영 그 말은, 백인이 아니거나 남성이 아니면 참정권이 없었
다는 뜻이야?

아빠 맞아. 오랫동안 흑인과 같은 유색 인종은 정치에 참여하
지 못했어. 미국에서 노예가 해방된 게 언제인 줄 아니?
미국 남북전쟁 때야. 북부는 노예제 폐지를 주장했는데,
노예제를 지지하던 남부가 미국에서 분리 독립을 선언하
면서 전쟁이 벌어졌지. 오랜 전쟁은 남부연맹이 항복함
으로써 결국 북부의 승리로 끝나고, 노예들이 해방되었
어. 그런데 신기한 사실은, 여성들이 노예 해방 운동에
적극적으로 참여했다는 거야. 왜 그랬을까? 당시 여성에
게는 정치에 참여할 권리가 주어지지 않았거든. 시민혁
명 때 남자 시민들이 의회로 진출하는 모습을 보며, 여성
에게도 참정권을 달라고 외쳤던 프랑스의 시민운동가 올
랭프 드 구주(Olympe de Gouges)는 1793년 단두대의 이

슬이 되었어. '여자로서의 미덕을 버린 죄'로 말이야! 그
녀는 단두대 앞에서 외쳤어. "여성이 단두대에 설 수 있
다면 연단(의회)에도 설 수 있어야 한다"라고.

나영 우와, 앞서 가던 여성이었네! 멋지다!

아빠 멋지지? 그녀의 외침을 마음속에 담아 두었던 여성들,
그들은 노예가 해방되어 참정권을 얻게 되면 여성들의
권리도 신장되어 참정권을 얻게 될 거로 기대했어.

나영 기대대로 그렇게 됐어?

아빠 아니, 아쉽게도 그러지 못했지. 여성 참정권을 주장하는
여성들은 사회에서 정신이 이상한 사람, 끔찍한 사람으
로 낙인찍혔대. 정말 너무하지? 그럼 여성들은 어떻게
정치에 참여할 권리를 얻게 되었을까?

모든 사람이 참정권을 가지기까지

아빠 우리나라에서 여자들이 정치에 참여할 수 있게 된 때가
언제인 줄 알아?

나영 음……언제부터지?

아빠 처음부터!

나영 뭐? 처음부터? 정말이야?

아빠 응. 대한민국을 수립하기 위해 처음으로 국회의원 선거를 했던 1948년 5월 10일부터 모든 성인 남녀가 정치에 참여할 권리를 가졌어.

나영 아! 뭐, 늦긴 했지만 처음부터 남녀평등이네! 의회 제도가 가장 오래된 영국은?

아빠 1918년부터였지.

나영 와, 말도 안 돼. 명예혁명이 1688년이었잖아. 그 직후부터 남자 시민들은 점차 정치에 참여해 왔고. 근데 여성들은 거의 230년이나 지나서부터라고? 너무하다.

아빠 그런데 그것도, 만 30세 이상 여성에게만 해당했대! 남자는 만 21세 이상이었는데 말이야.

나영 뭐야? 대체 왜 그랬대?

아빠 당시 영국에선 남성이 여성의 보호자라고 생각했어.

나영 보호자?

아빠 여성은 침착하지도, 조화롭지도 못해서 정치적 판단이 어렵다고 생각했고.

나영 와, 어떻게 그럴 수 있어?

아빠 분노하는 네 마음을 충분히 이해해. 아빠와 영상 하나를 볼까? 옛날 자료 화면인데, 1913년 6월 4일 영국 런던의

엡섬 경마장 모습이야. 경마 대회가 열리는 날이었는데, 왕의 말도 대회에 참여해서 왕과 왕비도 직접 참관하러 왔지. 경마장은 그야말로 인산인해였어. 화면으로 보는 데도 사람들이 신난 게 느껴지지 않니?

나영 우와, 건장한 말들이 거친 숨을 쉬며 달리고 있네! 어, 그런데 경주 말들이 달리고 있는 트랙 속으로 갑자기 뛰어든 저 여자는 누구야? 왕의 말 앞으로…… 어머, 충돌했어! 어쩜 좋아. 완전 많이 다쳤겠다. 근데 저건 뭐야?

아빠 머리를 바닥에 부딪치며 나뒹군 여인이 품고 있던 작은 나무 상자 안에는 '여성에게 참정권을(Votes for Women)'이라는 염원이 적힌 천이 들어 있었어. 이 마음 아픈 사건에 대해 당시 사람들은 경멸과 분노를 퍼부었다고

여성의 참정권을 위해 달리는 말 사이로 뛰어든 에밀리 데이비슨. (출처: 위키미디어 코먼스)

해. 정신 이상자, 범죄자라는 비난이 많았지. 언론도 "정신병에 걸린 불쌍한 여성의 무의미한 죽음"이라고 보도했대. 이 여성의 이

름은 에밀리 데이비슨(Emily Davison)이야. 그녀는 여성 참정권 운동을 하는 단체였던 '서프러제트(suffragette)'의 일원이었어.

나영 많이 다쳤어? 죽진 않았지?

아빠 그녀의 부상은 뇌진탕으로 이어졌고, 결국 사흘 후에 숨을 거두었어. 이 죽음은 훗날 많은 이들에게 '여성 참정권'이란 메시지를 전달했고, 결국 5년 후인 1918년엔 여성들도 비로소 참정권을 갖게 되었지. 만 30세 이상 여성에 국한되긴 했지만 말이야. 그리고 10년이 지난 1928년엔 남자와 동일하게 만 21세 이상의 여성까지 참정권이 확대되었어. 에밀리 데이비슨이 가슴에 품었던 'Votes for Women'이 적힌 하얀 천은 영국 의회에 전시되어 있어.

나영 우리가 너무도 당연하게 행사하고 있는 권리가 이렇게 큰 희생으로 얻어진 것인 줄은 몰랐어. 참정권이 얼마나 소중한지를 잘 알았으니 선거를 정말 꼭 해야겠네.

아빠 영국에 에밀리 데이비슨이 있다면, 미국엔 수전 앤서니(Susan Anthony)가 있어. 미국 역시 여성에게 참정권이 없었다고 했잖아. 1872년 11월 5일에 수전 앤서니는 여동생 3명과 함께 유권자 등록 사무실에 들어가 유권자 등록 신청을 했어. 그녀는 동생 3명과 자신의 몸을 밧줄로 함께 동여맨 상태로 사무실에 들어갔지. 밧줄로 자신들의 몸을 엮은 건, 누군가가 끌어낼 때 쉽게 끌려 나오지 않기 위해서였다고 해. 당시 여성들은 유권자 등록을 할 수 없었는데, 해달라고 하니 처음엔 직원들이 당연히 거부했지. 지속적으로 요구하는 그녀들의 요청에 어쩔 수 없이 등록해 줬고, 4일 후엔 투표도 했다고 해. 그런데 이 이유로 그녀는 법정에 서게 돼. 투표권이 없는데 투표를 한 게 이유였지. 변호를 맡았던 변호사 헨리 셀든은 "이 사건은 피고인이 단지 여성이라는 이유만으로 법정에 선 최초의 사례"라고 말하기도 했어.

나영 일정 연령 이상의 모든 사람에게 참정권이 생긴 데에는 이러한 투쟁의 역사가 있었구나.

아빠 비로소 모든 사람이 사회의 주인이 된 거지. 참정권을 가진다는 건 그 사회의 주인이자 사회의 주체로 인정받는 징표 같은 거라고 볼 수 있거든.

나. 청구권, 내 권리를 지키려

기본권 보장을 위한 수단

아빠 수전 앤서니가 참정권을 얻기 위해 투쟁적으로 유권자
등록을 하기 바로 전 해인 1871년에 여성도 변호사를 할
수 있게 해달라고 요구한 사람이 있었어. 마이라 브래드
웰(Myra Bradwell)이란 여성이었지. 당시 미국의 여러 주
에서는 여성에게 참정권을 허락하지 않았고, 변호사 등
특정 직업을 갖는 일도 허용하지 않았거든. 브래드웰은
이런 제도가 헌법이 보장하는 평등권을 침해한다며 문제

를 제기했고, 이 재판은 연방 대법원까지 올라갔어. 이처럼 헌법이 보장한 다른 권리를 보장해 달라고 요구할 수 있는 권리를 '청구권'이라고 해.

나영 그러니까 청구권은 국가에 대해 일정한 행위를 요청할 수 있는 권리인 거지?

아빠 맞아. 권리가 침해되었을 때 국가에 일정한 요구를 할 수 있는 권리이기도 하고.

나영 브래드웰의 요청은 받아들여졌어?

아빠 아니, 받아들여지지 않았어. 판결문엔 "여성은 그 천성과 허약함 때문에 특정한 직업에는 적합하지 않다", "신은 각각의 성이 서로 다른 활동 영역을 차지하도록 설계하셨다. 아내가 남편과 구별되는 직업을 가지는 일은 가족 제도를 파괴한다"라고 적혀 있었다고 해. 여성이 전문적인 직업을 가지는 게 가족 제도를 파괴한다니! 어떻게 이런 생각을 할 수 있었을까 싶어. 당시에 결혼한 여성은 남성의 보호 아래 있는 소유물처럼 여겨졌나 봐. 여성은 상속을 받을 수도 없었어. 정말 불합리했지? 여성의 권리를 지킬 수 있는 법을 만들기 위해서라도 여성의 정치 참여는 꼭 필요했어. 여성 유권자가 있어야 이들을 고려해 입법을 할 테니까. 여성이 의회 의원이 되어 발의할

수도 있을 거고. 여성의 권리가 보장되기까지 참 험난한
역사를 거쳤지?

나영 그러네! 그럼 청구권은 어떠한 경우에 행사할 수 있어?

아빠 국가에 무언가를 바랄 때, 희망 사항을 문서로 요청할 수
있어. 다른 말로 청원권이라고 해.

나영 국민 신문고에 민원을 신청하는 일 같은 거?

아빠 그렇지. 또한 다른 사람과 다툼이 생긴 경우에 재판해 달
라고 요구할 수 있는데, 이를 재판청구권이라고 해. 브래
드웰의 사례처럼, 사람이 아니라 국가의 권력이나 제도
가 기본권을 침해한다고 생각할 때는 헌법 재판소에 그
구제를 요청할 수 있어. 이를 헌법소원이라고 해. 우리나
라의 헌법소원 사례를 몇 가지 이야기해 줄게.

헌법소원

아빠 예전에는 5급 국가 공무원 공채시험에 응시할 수 있는
연령이 만 32세까지로 제한되어 있었어. 그런데 32세가
넘었지만 시험에 응시하고 싶었던 어떤 사람이 헌법 재
판소에 헌법소원을 냈지.

나영 시험에 나이 제한이 있었다니!

아빠 헌법 재판소에서는 나이 제한이 공무원을 할 수 있는 권리인 공무담임권을 침해한다고 판단했어. 그 이후 나이 제한 규정이 없어졌지. 2008년의 일이야.

나영 얼마 전에 예능 프로그램에 어떤 부부가 나왔는데, 그분들이 이름의 성과 본관이 같은 동성동본이라 결혼을 못 하다가 뒤늦게 법이 바뀌어서 결혼했다 하더라고. 이것도 헌법소원으로 없어진 거야?

아빠 맞아. 동성동본 혼인금지에 대해서는 여러 차례 헌법소원이 있었어. 그러다 1997년에 헌법 재판소에서 동성동본 간의 결혼 금지가 행복추구권을 침해한다고 심판했지. *

나영 사랑하는데 동성동본이라 결혼을 못하면 정말 마음이 아플 것 같아.

아빠 아빠도 예전에 엄마를 처음 만났을 때, 어느 김씨인지부터 확인했어.

나영 아, 그러네. 둘 다 김씨니까. 경주 김씨, 안동 김씨. 정말

---

* 동성동본불혼제도는 구(舊)「민법」 제809조 제1항에 규정되어 있었으나 1997년 7월 16일 헌법재판소에서 헌법불합치 결정을 함으로써 1999년 1월 1일부터 효력을 상실하였고, 2005년 3월 31일 「민법」(법률 제7427호)을 개정함으로써 폐지되었다.

법 쫌 아는 10대

다행이었네! 동성동본이었으면 내가 세상의 빛을 못 봤을 수도 있는 거 아닌가?

아빠 그럼, 다행이었지. 그래서 마음껏 사랑할 수 있었어.

나영쌤과 함께 생각을 나눠 봐!

여성들에게 정치에 참여할 수 있는 권리가 오랫동안 주어지지 않았던 이유가 뭐였을지 친구들과 의견을 나눠 봐. 당시 여성을 바라보던 시선과 문화, 사회 구조를 참고해서 생각해 보면 좋을 거야.

4장

법이 추구하는 목적

1. 법이 추구하는 '정의'란 무엇일까?

아빠 법의 목적이 뭐라고 생각하니?

나영 보통 '정의 실현'이라고 답하지 않나?

아빠 그럼 정의란 무엇일까?

나영 글쎄, 바른 거? 올바른 거?

아빠 사람마다 생각하는 정의의 모습이 달라. 어떤 사람은 노력한 만큼 보상이 따르는 게 정의라 하고, 어떤 사람은 사회 구성원 전체의 만족감 총합이 가장 커지는 게 정의라 하지. 사회의 약자를 배려하는 게 정의라고 생각하는 사람도 있어. 정의가 무엇인지 고민했던 학자들은 어떻게 생각했을까? 지금부터 그 이야기를 같이 해 볼게.

아리스토텔레스: 각자에게 그의 몫을!

아빠 만약 친구 둘이서 같이 과자 가게를 차렸다고 해 봐. 두 사람 모두 5시간 동안 일했는데, 한 친구는 과자를 세 바구니 만들었고, 다른 친구는 일곱 바구니 만들었어. 과자 한 바구니를 팔았을 때, 이윤이 1만 원씩 발생했다고 해. 그럼 두 친구는 어떻게 돈을 나눠야 할까?

나영 음…… 둘이 동업한 거니까, 5:5로 나누면 되지 않을까? 둘 다 5시간씩 일한 거잖아. 총 이익은 10만 원일 테니까 5만 원씩 나누면 되겠네.

아빠 동일한 시간을 투자했으니 똑같이 나눠 가지면 된다는 거지? 그런데 일곱 바구니를 만든 친구가 기분 나쁘지 않을까?

나영 아, 그럴 수도 있구나…….

아빠 만약 세 바구니를 만든 친구는 슬렁슬렁 일한 거고, 일곱 바구니를 만든 친구는 엄청 열심히 일한 거라면?

나영 그렇다면 3:7로 나눠야겠네!

아빠 그리스의 철학자 아리스토텔레스(Aristoteles)가 생각한 게
　　　그거야. 기여한 만큼 보상이 주어지는 게 공정한 분배라
　　　고 본 거지.

나영 응, 그게 공평한 것 같긴 한데, 만약 세 바구니를 만든 친
　　　구가 능력이 부족해서 오래 걸린 거라면 좀 속상하겠다.

법 쫌 아는 10대

아빠 아리스토텔레스는 능력이 달라서 기여도가 달라졌다고 해도, 그 기여도에 따라 배분하는 게 정의라고 본 거야. 이게 반드시 정답이란 건 아니야. 사람마다 생각하는 정의가 다르다고 했잖아?

나영 응, 그럴 거 같아. 난 처음엔 두 사람 모두 5시간씩 일했으니까 그래도 똑같이 나누는 게 옳다고 생각했는데, 또 이런 생각도 들어. 만약 내가 기여한 것과 상관없이 배분받으면 더 열심히 일하려는 마음이 줄어들 수 있을 것 같아. 참 어려운 문제네.

아빠 아리스토텔레스는 기여한 만큼의 보상을 받는 게 '분배적 정의'라고 봤어. 그래서 이 경우엔 3:7로 나누는 게 공정하다고 생각한 거지. 하지만 그건 다른 모든 조건이 같을 때 이야기야. 만약 과자를 만드는 재료를 한 사람이 모두 사 왔다면 과자를 얼마나 만들었는지 세는 것만으로는 정확한 기여를 판단할 수 없을 거야. 재료를 준비하는 데 들어간 돈과 시간도 그 사람의 기여일 테니까. 또한 생산뿐 아니라 판매 과정에서 누가 더 역할을 많이 했는지에 따라서도 달라질 수 있을 거고. 그리고 아리스토텔레스는 동일한 가치를 지닌 두 물건이 교환되면 그 교환은 올바른 것으로 보았는데, 이것을 '교환적 정의'라고 해. 정의를 말할 때 생각보다 고려할 게 많지?

벤담: 최대 다수의 최대 행복

아빠 사람이 무엇을 할지 말지 결정할 때, 고통과 쾌락을 비교해서 결정한다고 말한 학자가 있어. 영국의 철학자 제러미 벤담(Jeremy Bentham)이야. 사람은 고통을 줄이고 쾌락을 늘리는 쪽으로 행동한다는 거지. 쾌락은 만족감으로도 표현할 수 있어. 그는 사람들이 느끼는 만족감의 총합이 가장 커지는 쪽으로 결정하는 게 정의라고 봤어.

나영 나, 이거 알아. '최대 다수의 최대 행복' 맞지?

아빠 오, 똑똑한걸! 만약 지금 아이가 5명 있고, 호두 파이가 6조각 있어. 어떤 아이는 호두 파이를 무척 좋아하고, 또 어떤 아이는 즐겨 먹지 않는대. 근데, 모두 지금은 배가 고픈 상태야. 호두 파이에 대한 알레르기는 아무도 없고! 이 표를 한번 볼래?

나영 뭐야, 만족감을 숫자로 표시한 거야?

아빠 응. 벤담은 그게 가능하다고 생각했거든. 이런 상황에서 벤담은 어떻게 나누는 게 좋은 거라고 했을까?

법 쫌 아는 10대

이름	호두 파이 선호도	평소 식사량	만족감	
			첫 번째 조각	두 번째 조각
지현	매우 좋아함	적다	10	2
수민	좋아하는 편	많다	9	5
현수	즐겨 먹지 않는 편	보통	3	1
미희	즐겨 먹지 않는 편	적다	6	1
정수	좋아하는 편	보통	9	4

나영 우선 한 조각씩 나눠 주긴 해야겠지. 그리고 남은 하나는 두 번째 조각에 대한 만족감이 제일 큰 수민이에게 주면 되려나?

아빠 그렇게 나누면 만족감의 총합은 얼마가 되는지 계산해 볼래?

나영 10 + 9 + 3 + 6 + 9 + 5 = 42, 42네!

아빠 근데 이 방법 말고 만족감을 더 크게 하는 방법이 없는지 다시 생각해 봐.

나영 음……. (표를 유심히 보곤) 아, 현수 몫을 정수에게 주는 거? 지현, 미희는 한 조각씩 먹고, 수민이와 정수는 두 조각씩 먹기! 그럼 10 + 9 + 6 + 9 + 5 + 4 = 43, 만족 감의 총합이 43으로 더 커지긴 해.

아빠 맞아, 벤담은 그렇게 만족감의 총합이 가장 커지도록 하는 게 사회적으로 좋다고 본 거야.

나영 그래도 좀 불공평하다. 현수도 배고픈 상태긴 하잖아!

아빠 그래, 아빠도 그렇게 생각해. 사회 전체의 만족감 총합이 가장 커지는 것만 생각하면 누군가는 지금처럼 손해 보는 문제가 생길 수 있으니까.

나영 게다가 만족감을 어떻게 숫자로 다 나타낼 수 있어? 그것도 좀 이상해.

아빠 벤담과 같은 생각을 '공리주의'라고 부르는데, 공리주의는 현실에서 어떤 결정을 내릴 때 유용하기도 하지만 문제점도 있어. 특히 윤리적인 문제가 있지!

나영 윤리적인 문제?

아빠 생존에 위협이 닥쳤을 때 사람이 어떻게 행동하는지 살펴봤던 '미뇨넷호 사건' 기억하니? 이 사건을 가지고 생각해 보자. 영국으로 돌아온 선원 3명은 리처드 파커를 죽인 뒤에 먹은 사실을 자백했어. 그러면서 "더 많은 사람이 살기 위해 어쩔 수 없었습니다"라고 말했지. 하지만 말이야, 더 많은 사람을 살리기 위해 한 사람이 희생되는 게 정당한 일일까?

나영 아니! 진짜 끔찍한 일이야. 어떻게 사람이 사람을 죽여

서…….

아빠 맞아. 그렇지만 공리주의 입장에서 보면, 한 사람을 희생
시켜 다수의 사람을 살린 게 정당하다고 할지도 몰라.

나영 너무해.

아빠 옛날에는 먼바다를 항해하면 이런 사고가 꽤 일어났대. 그래서 난파되어 장기간 표류하다 굶주림으로 목숨이 위태로워지면, 제비뽑기를 해서 동료 중 일부를 희생해 살아남는 게 선원들의 관행이었다고 해. 그래서 선장은 이 일을 범죄라고 생각하지 않았대.

나영 그래서 순순히 자백했던 건가?

아빠 아마도 그랬을 것 같아. 실제로 더들리 선장은 식인 행위가 남은 사람을 살리기 위해 한 일이었고, 관행이었다고 말했거든.

나영 근데, 제비뽑기로 파커가 결정된 거야?

아빠 아니. 이 사건에서는 아니야. 더들리 선장이 제비뽑기를 제안했는데, 브룩스가 반대해서 못 했대.

나영 파커가 결정된 건, 그가 아팠기 때문이었을까?

아빠 선장은 바닷물을 마신 파커가 괴로워하며 죽어가고 있어서 그를 희생시켰다고 했어.

나영 근데 어쩐지……파커가 가장 어리고 힘이 약해서 선택된 건 아닐까 하는 의심이 들어.

아빠 그럴 수도 있지. 파커는 고아였고, 부양가족도 없었어. 공리주의 입장에서는, 어쩌면 부양가족이 있는 사람보다 파커가 희생되는 게 최선이었을 수도 있겠지. 선장은 다른 사람들도 그 결정에 동의했다고 말했어.

나영 하지만 본인이 동의한 게 아니잖아! 본인이 동의했어도 해서는 안 되는 일이지만!

아빠 응, 다수결로 결정했어도 이건 다수가 소수에게 행사한 폭력이라고 생각해.

나영 다수의 행복을 위한 결정이 언제나 옳은 건 아니네.

아빠 미뇨넷호 사건의 더들리 선장과 일등 항해사 스티븐스는 재판을 받게 됐어. 사실, 당사자들의 자백밖에 없는 상황이어서 재판 자체가 불가능하긴 했지. 다른 증거 없이 자백만이 유일한 증거일 때, 그게 당사자에게 불리한 거라면 증거로 쓸 수 없다고 했던 거 기억하지? 그래서 3명 중 가담 정도가 가장 낮았던 브룩스가 증언을 하는 대신 죄를 사면받는 조건으로 재판하기로 해서, 더들리와 스티븐스만 피고인이 되었어. 결국 살인죄로 사형을 선고받기는 했는데, 당시 그들을 안쓰럽게 여기는 여론이 반영되어 6개월 정도 수감되어 있다가 풀려나왔대.

아빠 만약 네가 시속 100킬로미터로 질주하는 전차를 운전하고 있다고 해 봐. 그런데 전차의 브레이크가 고장 났어. 바로 앞의 철로에는 5명의 인부가 일하고 있어서 이대로 직진하면 5명 모두가 목숨을 잃게 돼. 그런데 옆에 비상 선로 쪽에는 1명의 인부만 일하고 있어. 이쪽으로 전차를 돌리면 희생자는 1명으로 줄어들게 돼. 너라면 어떤 선택을 할 것 같아?

나영 아, 아빠! 나한테 왜 그래? 너무 어려운 문제잖아! 아무도 죽이고 싶지 않아!

아빠 이것은 '트롤리 딜레마'로 유명한 문제야. 영국의 철학자 필리파 풋(Philippa Foot)이 처음 제시했고, 미국 하버드대학교 마이클 샌델(Michael Sandel) 교수가 《정의란 무엇인가》1장에서 소개해 유명해졌지. 이 질문을 하면, 많은 사람이 핸들을 꺾어서 한 사람을 희생시킨다고 답해. 5명이 희생되는 것보단 1명이 희생되는 게 낫다고 생각하는 거지. 공리주의 입장에선 이게 옳을 거야.

나영 급박한 상황이라면, 그러한 선택을 하는 사람이 아무래도 많겠지?

아빠 하지만 독일의 철학자 이마누엘 칸트(Immanuel Kant)는

사회 전체의 행복을 극대화하는 공리주의에 대해 비판적

이었어. 그는 공리주의적인 행위가 "어떤 경우에도 사람의 생명을 뺏어서는 안 된다"는 보편적인 원칙을 깨뜨리는 거라고 보았지. 브레이크가 고장 난 건 내 의지가 아니지만, 핸들을 꺾는 건 내 의지로 하는 적극적인 선택이잖아. 칸트는 사람의 수나 만족감의 총합과 상관없이 '보편적인 원칙'을 지키는 게 옳다고 주장했어. "어떤 행동이 보편적인 법과 조화를 이루면서 다른 사람의 자유를 방해하지 않는다면 그 행동은 옳다"고 보는 거야. 칸트는 보편적인 인권을 존중한 정의와 선택을 요구했다고 볼 수 있어.

롤스: 무지의 베일을 쓰고 합의해야 해

아빠 예를 들어 네 남매의 부모님이 돌아가시면서 유서를 남겼어. 부모님의 빚이 1억 원 있는데, 꼭 갚아 달라는 게 유서의 내용이었지. 네 남매의 사정은 다음과 같아.

첫째: 만 54세 남자로 대기업에 다니고, 연봉이 1억 원이야. 부양가족으로 전업주부인 아내와

법 쫌 아는 10대

고등학생인 두 자녀가 있지. 고등학생 자녀를 미국으로 유학 보내고자 해.

둘째: 만 50세 여자로 법률 회사 변호사고, 연봉이 2억 원이야. 결혼하지 않고 혼자 살고 있어.

셋째: 만 46세 여자로 초등학교 선생님이야. 남편은 회사원이고 둘은 합해서 1년에 8,000만 원을 벌어. 중학생 자녀가 있지.

막내: 만 44세 남자로 무명 영화감독이야. 영화를 여러 편 만들었지만 계속 흥행에 실패했어. 고정적인 수입은 없고. 그의 아내는 학습지 선생님이고 연봉은 3,000만 원이야. 중학교 2학년, 초등학교 6학년인 두 자녀가 있어. 아이들의 외할머니가 암 수술을 하게 돼서, 수술비가 필요한 상황이야.

부모님의 빚 1억 원을 어떻게 나누어 갚아야 좋을까? 2,500만 원씩 똑같이 내야 할까, 혹은 부양가족이 없고 소득이 가장 많은 둘째가 전부 갚아야 할까? 아마 자신이 누구의 입장인지에 따라 생각이 달라질 거야.

나영 그냥 공평하게 똑같이 나눠서 갚으면 좋지 않을까? 근데 부양가족이 있으면 좀 힘들긴 하겠다.

아빠 미국 하버드대학교 교수였던 존 롤스(John Rawls)는 공정하게 나누려면, 자신이 어떤 사람인지 모르는 상태에서 합의해야 한다고 주장해. 자신이 어떤 사회적인 지위와 부를 가졌는지, 자신에게 어떤 재능이 있고, 머리가 좋은지 나쁜지 등을 전혀 서로 모르는 상태에서 회의에 참

석해야 한다는 거야. 그들은 서로 어떤 사람인지는 모르지만, 회의에서 토론을 거쳐 합의해야 한다는 건 알고 있어. 이러한 상태를 롤스는 '무지의 베일'을 쓴 상태라고 표현해.

나영 무지의 베일을 쓰고 회의하면, 어떤 점이 좋은데?

아빠 합의 당사자들의 특수한 사정을 모르면 한쪽에 유리하거나 불리하게 주장하지 않을 거고, 그래서 가장 공정한 합의를 이루어 낼 수 있다고 생각한 거야. 이것이 정의로운 게 될 거고 말이야. 위 사례에선 막내가 사회적으로 가장 불리한 처지잖아? 무지의 베일을 쓰면, '내가 막내처럼 사회적으로 힘든 상황이면 어떨까' 하고 그 입장에서 생각해 볼 수 있을 거야. 롤스는 이처럼 사회적 약자의 입장을 배려한 결정을 하는 게 필요하다고 생각했어.

나영쌤과 함께 생각을 나눠 봐!

국가가 사회에서 불리한 처지에 놓인 사람을 돕고 그들을 배려하는 정책을 우선적으로 만들고 실행하는 것에 대해서 어떻게 생각해?

2. 권력 분립이 필요한 이유

> ### 법이 정의롭지 못한 사회, 그 원인은?

아빠 법이 정의롭지 못하면 어떻게 해야 할까?

나영 법을 바꿔야지!

아빠 바꿨는데, 또 정의롭지 못하게 된다면?

나영 그럼 또 바꿔야지! 왜 갑자기 그런 얘기를 해?

아빠 영화를 하나 소개해 줄게. 제목은 〈동물 농장〉이야.

나영 아, 나 그거 소설로 봤는데? 조지 오웰이 쓴 거! 영화로
　　　도 있구나!

영화 〈동물 농장〉 (조이 배철러·존 할라스 감독, 1954년)

'존스 씨네 농장'이라는 팻말이 붙은 농장에 닭, 돼지, 소, 젖소, 양, 개, 말 등의 동물이 살아. 닭들이 알을 낳으면 바로 또르르 아래로 떨어지게 되어 있어 닭들은 알을 품어 보기도 전에 사람들에게 빼앗기지. 젖소들의 우유도 사람들이 매일 짜서 가져가. 양들도 털이 깎이고, 소와 돼지, 말, 개도 사람들을 위해 열심히 일해. 하지만 돌아오는 건 없어. 말을 안 들으면 채찍질을 당하고, 사람들에게 잡아먹히거나 다른 곳으로 팔려 가지. 수퇘지 메이저 영감은 농장 안 동물을 모두 모아 놓고 연설을 해. 사람들을 몰아내고 동물들끼리 자유를 누리는 동물 농장을 만들어 보자고 말이야. 무엇보다도 동물들은 서로를 다스려서는 안 되고, 어떤 동물도 다른 동물을 죽여서는 안 되며, 모든 동물은 평등하다고 말해. '영국의 동물들'이라는 노래를 가르치면서 모두가 자유를 누릴 날을 노래하지. 그런데 얼마 못 가 메이저 영감이 생을 마감해.

그가 죽은 뒤, 농장엔 세 마리의 수퇘지가 나서서 메이저 영감의 가르침을 '동물주의'라는 이름의 사

상으로 만들어 전파하는데, 그들은 동물주의 혁명
을 일으키자고 하지. 마침내 그들은 함께 힘을 모
아 사람들을 몰아내고 농장을 차지해. 그들은 농장
이름을 '존스 씨네 농장'에서 '동물 농장'으로 바꿔.
그리고 동물 농장의 헌법과도 같은 7계명을 크게
적어 붙여 두지.

동물 농장 7계명
1. 두 다리로 걷는 것은 누구든 적이다.
2. 네 다리로 걷거나 날개가 있는 것은 누
   구든 친구다.
3. 어떤 동물도 사람의 옷을 입어서는 안
   된다.
4. 어떤 동물도 사람의 침대에서 잠을 자
   서는 안 된다.
5. 어떤 동물도 술을 마셔서는 안 된다.
6. 어떤 동물도 다른 동물을 죽여서는 안
   된다.
7. 모든 동물은 평등하다.

동물들이 자신들을 지배하던 사람들을 몰아내고,
그들만의 평화로운 세상을 만든 거야. 그런데 이런
평화는 오래가지 못해. 사람들을 몰아내는 데 앞장

섰던 수퇘지들 사이에 갈등이 생기거든. 그들의 이름은 스노볼과 나폴레옹.

스노볼은 풍차를 세우자고 하는데, 나폴레옹은 반대해. 사실 풍차 건설과 관계없이 스노볼이 하는 일 모두에 반대해. 세력 다툼인 셈이야. 결국 나폴레옹이 개들을 포섭해 스노볼을 몰아내고, 그 후 동물 농장은 나폴레옹의 지시대로 움직이게 돼. 사람이 그랬듯 나폴레옹은 동물들에게 혹독하게 일을 시켜. 그래도 수확량이 줄어드니까 더욱 폭압적으로 일을 시키지.

어느 순간 동물 농장 7계명은 조금씩 바뀌기 시작해. 예를 들어 네 번째 계명은 "어떤 동물도 사람의 침대에서 이불을 덮고 잠을 자서는 안 된다"로, 다섯 번째 계명은 "어떤 동물도 술을 지나치게 마셔서는 안 된다"로 바뀌지. 나폴레옹을 비롯한 지배자 동물 몇 마리는 두 발로 걷고, 사람 침대에서 자고, 술도 마셔. 나폴레옹은 자신이 반대하던 풍차 건설도 그럴듯한 이유를 대고 다시 시작하는데, 어느 날 거센 바람으로 풍차가 부서져. 나폴레옹은 풍차를 부순 게 스노볼이라며, 스노볼에게 사형 선고를 내리고 누구든 스노볼을 잡아 오면 상을 주겠다고 하지. 여섯 번째 계명을 "어떤 동물도 다른 동물을 이유 없이 죽여서는 안 된다"로 바꾸면서 말이야. 이렇게 동물 농장의 법은 지배자의 필요에 따라 바뀌어. 결국 나중에는 7계명 중 "모든 동물은 평등하다. 그러나 어떤 동물은 다른 동물들보다 더 평등하다"라는 것만 남게 되지.

마지막에는 나폴레옹이 사람들을 초대해 파티를 열고 사람들과 함께 카드놀이도 해. 영화는 "창밖에서 지켜보던 동물들은 돼지에서 사람으로, 사람에서 돼지로, 다시 돼지에서 사람으로 시선을 돌렸다. 하지만 이미 누가 누군지 좀처럼 알아볼 수 없었다"라는 내레이션으로 끝나.

나영 아빠, 와 이건 뭐……나폴레옹이 사람보다 더한데?

아빠 왜 이렇게 된 것 같아?

나영 법을 고쳤으니까 그렇지!

아빠 법을 어떻게 고칠 수 있었지?

나영 자기 마음대로 바꾼 거지 뭐. 힘센 개들을 시켜서 폭력을 행사하고 그러면서!

법 쫌 아는 10대

아빠 맞아, 권력을 나폴레옹 혼자 쥐고 있던 게 문제였어.

국가 권력은 나누어져야 해: 권력 분립

나영 만약에 스노볼이 권력 다툼에서 이겼으면 달랐을까?

아빠 글쎄, 그래도 마찬가지였을 것 같은데.

나영 왜 그렇게 생각해? 스노볼은 억울하게 당한 거 아냐?

아빠 둘 다 권력을 자신들이 쥐고 싶어 했잖아. 그게 문제인 거야.

나영 그럼 누가 권력을 가져야 하는 건데?

아빠 모두!

나영 지금으로 치면, 국민?

아빠 바로 그거야. "국가의 권력은 국민으로부터 나온다."

나영 그거 헌법 제1조 2항 아니야? 제1조 1항은 "대한민국은 민주공화국이다"이고. 맞지?

아빠 대단한데? 공화국은 여러 사람이 다스리는 걸 말하고, 민주주의는 국민이 국가의 주인 된 권리를 가진다는 '국민 주권' 개념을 핵심으로 해.

나영 그렇지만 우리나라도 대통령의 힘이 제일 센 거 같은데?

아빠 그렇게 보일 수 있지만, 대통령이어도 본인 마음대로 통치할 수는 없어. 대통령은 국민의 대표니까 국민이 원하는 방향으로 통치해야 하지.

나영 그게 잘 안 지켜질 수도 있는 거 아닌가? 역사적으로 그런 경우도 있었던 것 같고.

아빠 맞아. 국민의 대표는 국민이 직접 뽑는데, 우리나라는 국민의 대표가 둘이야. 국회의원과 대통령. 둘 다 국민의 대표지.

나영 그럼 국회의원이 대통령을, 대통령이 국회의원을 서로 감시할 수 있어?

아빠 옳지! 맞아. 그래서 대통령은 루이 14세처럼 "베르사유 궁전을 짓겠다. 돈을 내놔라. 세금 더 걷어!"라고 할 수 없어. 세금을 거두려면, 반드시 국회에서 법을 만들어서 그에 따라 해야 하거든.

나영 맞다. 법을 만드는 권리는 국회가 갖고 있지!

아빠 그 법을 집행하는 권력은 행정부에, 법을 적용해서 잘잘못을 가리는 권력은 사법부인 법원에 있어.

나영 법을 만들고, 집행하고, 적용해 잘잘못을 가리는 권력을 나누어 갖게 해서 서로 견제하며 힘의 균형을 유지하는 거란 말씀?

아빠 맞아. 특히 대통령이 행정부의 우두머리이고, 그 아래 국무총리와 행정 각부 장관들, 차관들, 공무원들까지 모두 행정부라서 힘이 좀 세지기가 쉽거든? 그래서 국회에 행정부를 감시할 수 있는 감사 기능을 만들어 두었어.

나영 감사 기능? 예를 들면 어떤 걸 감시해?

아빠 나라에서 세금 거두어서 돈 쓰는 일, 이걸 국회에 미리 검사받아야 해!

나영 국회가 통과를 안 시킬 수도 있는 거야?

아빠 그럼. 늦가을쯤 내년에 세금을 어떤 분야에 어떻게 쓰겠다고 예산안을 짜고, 그걸 국회에 보내 검사를 받아. 이때 국회가 수정을 요구하기도 하지.

나영 나중에 제대로 사용했는지도 확인해?

아빠 똑똑하네. 맞아. 연말에는 그해 예산을 제대로 집행했는지 확인도 해.

나영 사법부는 어때? 법을 적용해서 잘잘못을 가리는 게 재판인데, 이것도 권력이잖아. 이건 감시 안 해?

아빠 재판을 하는 법원과 법관은 독립되어야 해. 대통령이나 국회의원이 재판 과정에 개입하고 의견을 내면 공정하게 재판할 수 없으니까. 사법부의 독립은 반드시 지켜져야 하지. 나영아, 이거 한번 읽어 볼래?

나영 미니 헌법 책이네? 여기 103조, 읽으면 되는 거지? "헌법 제103조 법관은 헌법과 법률에 의하여 그 양심에 따라 독립하여 심판한다."

아빠 법관이 헌법과 법률에 의해 '양심'에 따라 '독립하여 심판'한다는 것, 이게 아주 중요해. 어떠한 개입도 있어서는 안 된다는 거지. 법원은 국회와 행정부로부터 독립해야 하며, 사법부 내에서도 상급법원이나 법원장 등으로부터 명령을 받지 않아야 한다는 뜻이야.

나영 응, 이렇게 국가의 권력을 나누어 맡고 서로 견제와 균형을 이뤄야 〈동물 농장〉에서처럼 정의롭지 않은 법이 생겨나지 않겠네. 사법부의 독립은 반드시 지켜져야 하고.

아빠 맞아, 그게 권력 분립이 필요한 이유지.

3. 다수의 의견은 언제나 정의로울까? : 다수에 의해 소수가 희생된다면?

아빠 나영이는 친구들이랑 뭐 먹으러 갈 때 메뉴를 어떻게 정하니?

나영 대부분 취향이 비슷해서 한 사람이 의견을 내면 따르긴 하는데, 의견이 다를 땐 다수결로 정하지.

아빠 그렇구나. 그럼 다수결은 언제나 옳을까? 이야기를 하나 들려줄게. 어느 마을에 머리가 빨간색인 사람 100명과 머리가 파란색인 사람 3명이 살았어. 그런데 어느 날, 마을에 갑자기 코로나19 같은 전염병이 돌기 시작한 거야. 뉴스에서는 머리가 파란색인 사람들이 먹는 음식 때문이라는 보도가 나왔어. 아무런 근거도 없이 말이야. 사람들은 그 뉴스를 믿었지. 그래서 마을에서는 "머리색이 파란 사람들은 거리에 나올 수 없다"는 법을 만들고자 했고, 투표에 부쳤어. 그랬더니 98명이 찬성해서 법이 만들어졌어.

나영 뭐? 이런 식으로 여러 사람이 찬성한다고 법이 만들어진다고?

아빠 너무 황당한 이야기 같니? 그런데 정말 이 이야기처럼 역사적으로 다수에 의해 소수가 희생되는 법이 만들어지기도 했었고, 소수가 부당한 대우를 받은 일들이 생각보다 많았어. 학교에서 친구들 사이에도 그런 일이 없는지 생각해 봐야 해.

플레시 대 퍼거슨 사건: 분리하되 평등하다

나영 아빠, 다수의 의견을 모아서 법을 만든다고 해도, 그 법이 정의롭지 못할 수도 있다는 거지?

아빠 그런 생각을 하다니 대단한데?

나영 뭐, 예전에 아빠랑 같이 봤던 영화 〈그린 북〉(피터 패럴리

감독, 2018년)에도 나왔잖아. 공연에 초청받은 가수인데도 흑인이라서 레스토랑에 못 들어가게 한 장면, 나 진짜 충격이었거든.

아빠 제목인 '그린 북'이 흑인들이 갈 수 있는 숙박 시설이나 음식점을 안내한 책자였지?

나영 응, 맞아. 그때는 흑인과 백인을 차별하는 법이 있었던 거야?

아빠 그땐 그랬지. 당시 미국에서는 학교도 백인이 다니는 곳과 흑인이 다니는 곳이 분리되어 있었어. 피부색을 이유로 분리해서 교육해도 제공하는 시설과 교육의 수준이 같으면 평등하다는 생각이었지.

나영 법으로 그렇게 돼 있었다고?

아빠 응. 1896년에 있었던 대법원 판결에서 인종 분리 정책에 대해 "분리하되 평등하다(separate but equal)"라고 판시했어. 플레시 대 퍼거슨 사건(Plessy vs Ferguson)이라고 불리지.

나영 플레시 대 퍼거슨?

아빠 응, 피고인과 판사의 이름이야. 1892년 6월, 호머 플레시(Homer Plessy)라는 30세 흑인 남자가 루이지애나주 기차의 일등석을 예약한 후 앉아 있었어. 근데 차장이 일등

석은 백인만 이용할 수 있다며 흑인 칸으로 이동하라고 했지.

나영 일등석 표를 샀잖아.

아빠 응, 맞아. 하지만 당시 흑인은 일등석 표를 구매할 수 없었어.

나영 그런 게 어딨어! 그래서 이동했어?

아빠 아니. 그랬으면 사건이 안 됐지. 플레시는 일등석에 계속 앉아 있었어.

나영 오! 잘했네.

아빠 그런데 그 일로 보안관에게 체포되어 벌금을 물고 주 법원에서 재판을 받게 되지.

나영 아이고.

아빠 첫 번째 재판을 1심이라고 하는데, 1심을 맡은 판사 존 하워드 퍼거슨(John Howard Ferguson)은 플레시가 당시 루이지애나주에서 흑백 분리를 규정한 열차법을 위반했다며, 25달러 벌금형을 선고했어.

나영 너무한다. 다시 재판해 달라고 해야지.

아빠 맞아. 플레시는 흑인 인권 단체와 함께 루이지애나 대법원에 항소했지. 하지만 결과는 여전히 패소했어.

나영 항소랑 패소……? 그게 뭔데?

아빠 아, 말이 어렵구나. 다시 재판해 달라고 하는 걸 상소라고 해. 1심 재판 판결을 받아들이지 않고, 상소하는 걸 항소라고 하고. 두 번째 재판인 2심 재판 판결을 받아들이지 않고, 또다시 재판해 달라고 하는 건 상고라고 하지. 패소는 재판에서 졌다는 뜻이야.

나영 복잡하네.

아빠 용어가 좀 어렵지? 재판에는 언제나 오판이 있을 수 있으니까 억울하지 않도록 다시 재판해 달라고 할 수 있는 제도를 마련해 둔 거야. 우리나라는 세 번까지 재판할 수 있는 3심 제도를 두고 있지.

나영 이 사건은 결국 플레시가 억울하게 끝난 거야?

아빠 연방 대법원까지 갔는데, 거기서도 플레시가 패소했어.

나영 진짜 너무하다. 표를 샀는데도 흑인이라는 이유로 "일등석에 앉지 마!" 하는 건 좀……. 아무리 법에 맞는 절차라고 해도 이건 흑인의 인권을 침해한 거잖아?

아빠 아빠도 그렇게 생각해. 이 법은 1954년에 가서야 마침내 고쳐져.

나영 어떻게? 무슨 다른 사건이 있었어?

아빠 1952년 캔자스주에 살던 올리버 브라운의 딸 린다 브라운은 초등학교 3학년이었는데, 학교를 너무 멀리까지 다녀야 했어.

나영 집 가까운 곳에 학교가 있는데도?

아빠 응, 가까운 학교는 백인만 다닐 수 있는 곳이었거든. 그래서 흑인 부모들 13명과 자녀들 20명이 함께 교육위원회를 상대로 소송을 냈어. 결국 그들의 요구가 받아들여졌지. 2년에 걸친 이 재판은 소송을 냈던 올리버 브라운의 성을 따서 브라운 판결이라고 불러. 이후로 흑인을 분리하는 일이 서서히 사라졌어.

나영 다행이다. 지금 같으면 너무 당연한 권리를 그땐 투쟁으로 얻어내야 했다니 씁쓸하다.

아빠 이렇게 다수의 의견으로 내려진 판단에 소수의 사람이 희생된 경우가 이 외에도 꽤 있어.

나영 인종 문제 말고도?

아빠 혹시 우생학을 아니?

나영 우생학? 슈퍼 콩, 슈퍼 옥수수 만들어 내는 거 아니야? 유전자를 변형해서!

아빠 맞아. 그런데 1920년대 미국에서는 그 우생학을 사람에게 적용한 적이 있어.

나영 말도 안 돼! 무슨 '멋진 신세계'인가?

아빠 《멋진 신세계》를 읽었니?

나영 응, 책 읽고 토론도 했는걸?

아빠 거기서 알파, 베타, 감마…… 이런 식으로 사람에게 등급을 매기잖아. 좋은 DNA를 가지고 태어난 알파부터 시작해서 단순노동에 적합한 DNA를 가지고 태어난 사람까지 구별해서.

나영 좀 끔찍하던데. 진짜 책에서처럼 유전자를 골라서 사람을 만들었다는 거야? 그것도 자유의 나라 미국에서?

아빠 그렇게 적극적으로 유전자를 결합해서 사람을 만든 건 아니고.

나영 그럼?

아빠 음, 그게 말이지…… 대대로 지능이 낮거나, 정신적인 병이 있거나, 범죄를 저지른 사람들을 대상으로 강제 불임 시술을 했어.

나영 아! 아빠가 이야기하기 전에 망설인 이유가 있었네. 실제로 그런 일이 있었다고?

아빠 그것도 미국 연방 대법원의 판결에 의해서였지. 담당이 명판결로 유명한 올리버 홈스(Oliver Holmes) 판사였대. 정말 놀랍지? 1927년에 캐리 벅(Carrie Buck)이라는 21세 여성이 가장 처음으로 강제 불임 시술을 받았고, 이를 시작으로 미국 전역에서 6만 명 이상의 여성이 강제 불임 시술을 받았다고 해. 1920년대 미국 버지니아주에서 제정된 '단종법'에 따른 판결이었어. 유전적으로 장애가 있는 사람이 아기를 낳으면, 그 장애가 또 유전될 가능성이 크니까 출산을 막자는 거였지.

나영 너무해. 어떻게 사람이 사람에게 그런 판결을 내릴 수 있는 거야?

아빠 올리버 홈스 판사는 캐리 벅에게 3대에 걸쳐 현저히 낮은 지능이 유전될 수 있다면, 다수의 안전과 복지를 위해 불임 시술을 해야 한다고 판결했대. 6개월 후 캐리는 불임 시술을 받았고. 그런데 이후 그녀의 지능이 낮지 않았다는 사실이 밝혀졌어. 그녀의 학창 시절 성적은 중간 이상이었고, 학교 생활 기록부에도 "행실과 학습 태도가 매우 훌륭함"이라고 적혀 있었지. 2002년에 버지니아주는 캐리를 비롯한 피해자들에게 사과했어.

나영 캐리 벅은 지능이 낮은 사람이 아니었지만, 만약 그녀가 정말 지능이 낮았다면, 또 그게 유전적으로 대물림될 수 있는 거라면 나라에서 강제로 아기를 갖지 못하게 시술을 해도 된다는 거야? 그것도 옳지 않잖아!

아빠 단종법은 당시 미국에서 유행하던 우생학을 기반으로 만들어진 법이었어. 인간의 존엄을 침해하는 정의롭지 못한 법이었지. 당시 미국에서는 대체 왜 우생학이 이렇게 인기가 많았던 걸까? 아마도 당대 사회 분위기와 잘못된 믿음 속에서 여러 이유를 찾을 수 있을 거야. 그중 하나는 경제적인 이유야. 지능이 현저히 낮거나, 대대로 범죄를 일으키는 집안에 속해 있거나, 정신병을 가진 사람들이 더 이상 태어나지 않는다면, 이들을 위한 시설이 필요 없어질 테니까. 다시 말해 교도소나 보호 시설을 위한 세금이 사용되지 않아도 되는 거지. 나쁜 유전자가 대물림된다면 국가에 도움이 되지 않는다고 생각한 거야. 히틀러가 이끄는 나치가 독일을 통치할 때도 똑같은 논리가 유대인 집단 학살에 사용되었지.

나영 그런 잔인한 판단이 또 있었다고? 맙소사!

드레퓌스 사건: 단지 유대인이라는 이유만으로

아빠 만약에 네가 한국인이라는 이유만으로 범죄자로 몰린다면 어떨 것 같아?

나영 무슨 말도 안 되는! 혹시 그런 일이 있었던 거야?

아빠 유대인이라는 이유로 범죄자로 몰린 경우가 있어. 1894년 9월, 프랑스 정보국의 한 정보원이 프랑스 파리에 있는 독일 대사관에 침투해서 쓰레기통을 뒤지다가 뭔가 심상치 않은 걸 발견했지. 프랑스군의 대포 작동 방법부터 전쟁 시 작전과 포격 순서까지 군사 기밀이 적힌 쪽지였어. 거긴 날짜도 서명도 없이 'D'라고만 적혀 있었지. 프랑스 정보국은 'D'라는 사람이 프랑스 군대 내에 있는 스파이라고 생각했어. 프랑스 장교 중 알프레드 드레퓌스(Alfred Dreyfus)라는 유대계 프랑스인이 있었는데, 그가 범인으로 지목되었지. 그의 성이 'D'로 시작하고, 유대계라는 이유로 말이야. 다른 증거는 하나도 없었어.

나영 범인으로 몰린 이유가 고작 그거라고? 정보국이 너무 일을 대충 한 거 아니야?

아빠 당시 유럽의 여러 나라에는 유대인을 적대시하는 문화가 만연했었거든. 드레퓌스는 이렇게 범인으로 몰려 재판을 받게 되었어. 글씨체를 판별하는 필적 전문가는 그 문제의 쪽지 속 글씨체와 그의 글씨체가 유사하지 않음에도 불구하고, "드레퓌스가 그 쪽지를 쓴 게 맞다"라는 소견을 제출했지. 드레퓌스의 동료 장교들은 "오래전부터 그가 스파이임을 의심해 왔다"라고 진술했고.

나영 드레퓌스 장교는 가만히 있었어? 만일 나라면 난리 났을 거야.

아빠 그는 재판에서 "저는 무죄입니다"라고만 했대. 결국 그는 당시 프랑스 최고형이었던 종신 유배형을 선고받아. 1895년 1월, 그는 군대에서 불명예 퇴역식을 치르고, 같은 해 2월 프랑스령 기아나의 적도 해안에 있는 악마섬으로 유배되지. 훗날 여러 힘든 과정을 거쳐 다시 재판을 받는데, 그 결과 1906년 7월에 "드레퓌스에게 내려진 유죄 판결은 무효"라는 판결을 받아. 12년 만에 무죄가 밝혀진 거지.

나영 정말 억울했겠다.

아빠 프랑스 정부는 드레퓌스를 소령으로 복직시키고, 프랑스

최고 훈장인 '레지옹 도뇌르'를 수여했어. 드레퓌스는 복
직하기보다 은퇴를 선택했지만.

나영 뭐야! 맘고생 다 시키고, 훈장만 주면 다인가? 너무하네.
근데 당시 유럽에서는 유대인들을 왜 싫어한 거야?

아빠 유럽 국가들은 대체로 크리스트교를 믿는데, 당시 크리
스트교에서는 유대인이 예수님을 죽인 민족이라서 싫어
했대.

나영 둘 다 하느님을 믿는 종교 아니야?

아빠 크리스트교와 유대교는 뿌리가 같고 똑같이 하느님을 믿
어. 하지만 크리스트교에서는 예수를 메시아로 여기고
유대교에서는 그렇지 않지.

나영 휴, 종교적인 문제로 그랬다고? 하느님은 이웃을 사랑하
라고 하시지 않았나? 안타깝다.

아빠 그렇지. 당시 드레퓌스의 재판을 지켜보던 유대인 기자
테오도어 헤르츨(Theodor Herzl)은 "프랑스처럼 문명화된
사회에서도 유대인이라는 이유로 차별받는다면 세계에
는 우리가 있을 곳이 없다"라고 하면서 옛 조상들이 살던
땅으로 돌아가자고 주장했어.

나영 아, 나 그 이야기 들어 봤어. 시온주의!

아빠 맞아. 시온이 지금의 이스라엘 지역이거든. 유대인들의

고향과 같은 곳이지. 하지만 그곳엔 오래전부터 아랍인들이 살고 있었어.

나영 이미 다른 사람들이 살고 있는 곳으로 이제 와서 되돌아간다니. 그것도 힘든 문제잖아.

아빠 최근에도 그치지 않는 이스라엘과 팔레스타인 간 분쟁에 대해 알지? 그 불씨가 어쩌면 반유대주의로부터 시작된 건 아닐까 싶어. 셰익스피어의 소설 《베니스의 상인》에서도 유대인 샤일록이 돈만 밝히는 나쁜 사람으로 묘사되거든. 샤일록에게 돈을 빌린 안토니오가 샤일록에게 침을 뱉고, 유대인을 경멸하는 대사가 나오기도 하고. 셰익스피어가 당시 유럽의 반유대 정서를 보여 주려고 그렇게 쓴 건 아닐까?

나영쌤과 함께 생각을 나눠 봐!

캐리 벅의 지능은 사실 낮지 않았어. 그런데 만약 그녀가 정말 지능이 낮았고, 또한 그 낮은 지능이 유전된다면, 국가에서 강제로 아기를 갖지 못하게 시술하는 게 정당한 것일까?

と

5장

범죄와 형벌

1. 형벌의 목적은 뭘까?

> 눈에는 눈 이에는 이

아빠 인류 역사에 문서로 내용 전체가 남아 있는 가장 오래된
법이 뭔지 아니?

나영 함무라비 법전이잖아. 들어 봤지. '눈에는 눈, 이에는 이'
로 유명한 법.

아빠 맞아, 보복과 응징의 법으로 생각되는 그 법이야. 똑같은
방식으로 복수하는 법이라니, 참 잔인해 보이지? 한술
더 떠서, 신분제가 있던 때라 신분이 낮은 사람에게 더

불리한 법이기도 했어. 이런 식으로 말이지.

 귀족이 평민의 팔을 부러뜨리면 금화 1개를 줘야 한다.
평민이 귀족의 팔을 부러뜨리면 다리를 잘라야 한다.

나영 똑같이 팔을 부러뜨렸는데, 평민이 귀족의 팔을 부러뜨리면 다리를 잃게 되지만, 귀족이 평민의 팔을 부러뜨리면 돈만 주면 된다니! 너무 불공평해.

아빠 하지만 이건 지금의 시각으로 봐서 그래. 당시 신분제 사회에서 귀족이 평민이나 노예의 팔을 부러뜨렸을 때 돈을 지급하는 게 당연했을까? 아니, 전혀 그렇지 않았을 거야. 당시엔 "그놈이 나한테 버릇없이 굴어서 좀 혼내 준 것뿐이야"라며 다치게 해 놓고 오히려 큰소리쳤을 수도 있어. 또한 만약 평민이 귀족의 팔을 부러뜨렸을 땐 그의 다리를 자르는 데 그치지 않고 죽였을 수도 있고 말이야. 이 법이 얼핏 보기엔 불공평하고 귀족들의 편만 드는 것 같지만 오히려 귀족들의 과도한 권력 남용을 막는 법이었을 수도 있다는 거지.

나영 듣고 보니 정말 그랬을 수도 있겠어.

아빠 '눈에는 눈, 이에는 이'와 같은 동일한 보복은 같은 신분 사이에서나 통하는 거였지. 그런데 이것도 좀 더 깊게 생각해 보자. 누군가가 내 눈을 잃게 했다면, 그의 눈을 잃게 하는 데서 나아가 더 많이 해치고 싶은 마음이 들지 않을까?

나영 맞아, 나도 화가 나면 내가 당한 것보다 더 크게 갚아 주고 싶을 때가 있어.

아빠 사람의 마음은 대부분 비슷할 거야. 그런 의미에서 보자면, 무시무시해 보이는 보복의 법칙이 적용되는 '함무라비 법전'이 어쩌면 더 심한 보복, 또는 그 보복에 대한 끝없는 보복을 제한하는 법이었을 수도 있지 않을까?

예방과 교화를 위한 형벌: 범죄로 인한 이득 + α

아빠 형벌의 목적이 뭐라고 생각하니?

나영 저지른 잘못에 응당한 벌을 내리는 게 정의로운 것이기 때문이겠지.

아빠 그럼 '눈에는 눈, 이에는 이' 원칙에 따라서 사람을 죽인

자는 목숨을 빼앗아 죗값을 치르도록 사형에 처하는 게 옳은 걸까? 복수를 해 준다는 게 국가가 국민에게 형벌을 행사하는 목적이 될 수 있는 걸까?

나영 그래도 국가가 나를 대신해 벌주면 좋겠어. 나의 피해가 완전히 회복되진 않겠지만 말이야.

아빠 오히려 그보다는 범죄를 저지르지 않도록 막는 게 더 중요한 것 아닐까?

나영 그거야 그렇지. 하지만 범죄를 막으려면 "죄를 지으면 이러이러한 벌을 받는다"를 알게 하는 것도 필요한 일이야.

아빠 잔인한 방법이지만, 18~19세기 유럽에서는 사형수를 여러 사람이 볼 수 있도록 광장에서 처형하거나 시체를 사람들이 오가는 성문, 시장 한가운데에 내걸어 두었어. 사람들에게 겁을 주어서 같은 범죄를 저지르지 않도록 하는 게 목적이었지. 하지만 이 방법은 죄를 지은 사람이 더 이상 죄를 짓지 않도록 하는 효과는 전혀 없어. 왜냐하면 그가 깨달음을 얻었다 할지라도 이미 그 죄인은 세상에 없으니까. 더 나아가, 만약 잘못 보거나 잘못 판단한 거라면? 사형에 처해서 이미 세상에 없는 사람이 무죄인 게 밝혀지는 일들이 종종 있었거든.

나영 맞아. 〈재심〉(김태윤 감독, 2016년)이라는 영화에서도 주인공이 살인 사건의 누명을 써서 감옥에 갇혔는데, 나중에 무죄인 게 밝혀졌어.

아빠 체사레 베카리아(Cesare Beccaria)라는 이탈리아 법학자는 1764년에 그의 저서 《베카리아의 범죄와 형벌》에서 국가가 생명을 빼앗을 수 없다고 주장해. 1761년에 프랑스의 칼라스 가문에서 큰아들이 자살하는 일이 벌어졌거든. 당시 경찰은 아버지가 아들을 죽인 거라고 잘못 생각하고 체포했어. 아버지가 죽인 게 확실하다고 생각한 경찰은 그를 고문했고, 결국 고문을 견디지 못한 아버지는 거짓으로 자신이 아들을 죽였다고 자백하지. 결국 사형에 처해져. 그런데 나중에 아버지가 무죄인 게 밝혀지지. 당시 재판에서 사형을 선고했던 판사는 괴로움에 자살로 생을 마감했어. 너무 끔찍한 일이지?

나영 가족들의 마음이 정말 아팠을 것 같아. 아버지는 얼마나 억울했을까!

아빠 이 사건은 유럽 전역에 큰 파장을 불러일으켰지. 체사레 베카리아는 국가가 형벌권을 남용해 개인의 인권을 침해해서는 안 된다고 했어. "10명의 도둑을 놓치더라도 1명의 억울한 사람을 만들면 안 된다"라는 게 그의 관점이었지. 그는 사형 제도는 물론, 당시 유럽 사회에 행해지던

잔인한 형벌도 비판했어. 당시 유럽의 감옥은 정말 인간의 존엄성이 전혀 지켜지지 않는 구조였거든. 심지어 화장실을 갈 수도 없었대. 감옥에 비스듬하게 경사를 만들어서 오물이 그냥 밖으로 흘러내리게 놔두었다고 해. 영국 런던에 있는 '정의 갤러리'에 당시 감옥의 모습이 재현되어 있어. 체사레 베카리아는 어떤 범죄에 대한 형벌은 그 범죄를 저질러서 그가 얻는 이득보다 조금 더 크면 된다고 주장해. 만약 형벌이 범죄의 이익보다 작으면 범죄를 예방할 수 없을 테니까. 당시 유럽은 가벼운 범죄든 무거운 범죄든 처벌이 가혹한 경우가 많았어. 하지만 왕이 사면해 주면 처벌받지 않을 수 있었지. 그랬기에 오히려 진짜 악한 범죄에 대한 처벌이 이루어지지 않은 경우도 많았다고 해. 그래서 체사레 베카리아는 어떤 범죄로 인해 취할 수 있는 이득을 고려해서 그보다 조금 더 큰 형벌을 주는 식으로 범죄의 정도에 따른 형벌이 필요하다고 주장했던 거지.

나영 아, 18세기 유럽의 감옥 모습은 상상만 해도 끔찍해.

아빠 체사레 베카리아가 범죄와 그에 따른 형벌의 정도를 체계화했다면, 제러미 벤담은 효율적인 감옥 시스템을 고안했어. 1791년에 벤담은 '팬옵티콘(panopticon)'이라는 감옥을 구상했는데, '팬(pan)'은 그리스어로 '모두'를 뜻했고, '옵티콘(opticon)'은 '본다'는 의미야.

나영 모두 본다?

아빠 이 감옥은 중앙의 원형 공간에 높은 감시탑을 세우고, 감시탑의 외부 원형 둘레에 죄수들의 방을 설치하는 거야. 중앙의 감시탑은 늘 어둡게 하고, 죄수들의 방은 조명을 밝게 해서 중앙 감시탑에서 수월하게 죄수들을 감시하는 구조지. 중앙의 감시탑은 어두우니까 죄수들은 감시탑에 사람이 있는지 없는지, 있다면 어느 방의 누구를 감시하는지 감시자의 시선을 알 수 없어. 그래서 감시자가 없더라도 죄수들은 자신들이 항상 감시받고 있다는 느낌을 가지게 되고, 결국은 죄수들이 규율과 감시를 내면화해서 스스로를 감시하게 되지. 이 시스템은 적은 인력으로 많은 수감자를 감시할

벤담이 그린 팬옵티콘의 도면 (출처: 위키피디아)

수 있고, 그 전의 감옥보다 훨씬 덜 잔인한 감옥의 형태를 만들었어. 또한 수감자 스스로 규율을 지키게 함으로써 처벌보다는 교정을 목적으로 하게 되었지.

나영 벤담이라면 '최대 다수의 최대 행복'을 말한 사람 맞지?

아빠 응. 그의 생각이 감옥의 구조에서도 잘 나타나지?

나영쌤과 함께 생각을 나눠 봐!

체사레 베카리아는 "10명의 도둑을 놓치더라도 1명의 억울한 사람을 만들지 말라"라고 했어. 그렇지만 어떤 사람들은 "1명의 억울한 희생자가 생기더라도 10명의 도둑을 잡는 게 사회에 도움이 된다"고 주장해. 넌 어떻게 생각하니?

법 쫌 아는 10대

2. 처벌의 어려움

《죄와 벌》, 진짜 형벌은 무엇인가?

아빠 러시아 소설가 도스토옙스키(Dostoevsky)의 작품 《죄와 벌》을 읽어 봤니?

나영 아직. 몇 번 읽어 보려고 도전했는데 너무 두꺼워서 아직 끝까진 못 읽었어. 아빠 이야기 듣고 재미있으면 끝까지 읽어 봐야겠네.

아빠 책의 제목처럼 범죄와 형벌에 대해 생각하게 되는 이야기야. 가난한 대학생 라스콜니코프가 주인공이지. 라스

콜니코프는 법학을 공부하며 정의를 실현하겠다는 신념을 가져. 또 돈은 성실하고 열심히 사는 사람들에게 가야 한다고 생각하지. 그는 허름한 옷을 입고, 허름한 집에서 하숙하며 살아. 그런데 돈이 없어 하숙비를 내지 못하지. 하숙비를 내라는 독촉을 듣는 게 두려워서 집주인을 피해 다니고 말이야. 그는 전당포에 가서 돈을 빌리곤 했는데, 전당포는 물건을 맡기면 그것을 담보로 돈을 빌려주는 곳이야. 전당포 주인은 물건 값도 제대로 안 쳐주고, 정이라곤 없어. 추악하고 탐욕스러운, 돈밖에 모르는 노파로 묘사되지.

나영 어디나 나쁜 사람은 꼭 있다니까.

아빠 그는 이런 나쁜 노파에게 많은 돈이 있는 건 부당하다고 생각해. 그래서 계획을 세우지. 노파가 혼자 있는 틈에 전당포에 찾아가서 죽이고, 돈을 빼앗아 좋은 일에 쓰겠다고 말이야. 좋은 목적을 위해서는 살인이라는 수단도 괜찮다고 자신의 생각을 합리화해. 노파를 죽이는 게 사람 수천 명을 구하는 정의로운 일이라고 생각한 거야. 그리고 비범한 사람은 자신의 사상을 실현하기 위해 법을 어길 권리가 있다고까지 생각하지. 그에게 있어 자신의 사상은 정의 실현이었고, 자신의 행동은 전 인류를 위한 일이라고 여기지.

나영 너무 위험한 생각 아니야? 그래서 어떻게 됐어?

아빠 그는 계획을 실행하는데, 노파를 죽인 그 순간 노파의 여동생이 들어와. 여동생은 노파에게 학대당하며 불쌍하게 살아온 거로 묘사되지. 그는 노파의 여동생이 가엾다고 할지라도 살인을 목격했으니 죽여야 한다고 생각해. 증인이 없어야 하니까. 소설 속에서는 그가 어떤 동기로 살인하고 증거를 없애는지, 또 살인 이후에 어떤 두려움에 시달리는지 심리가 구체적으로 묘사되어 있어.

나영 오, 읽고 싶은 마음이 막 샘솟는걸!

아빠 소설 속에서 주인공이 겪는 형벌은 감옥에 가는 게 아니야. 살인 이후에 겪은 불안감과 공포가 형벌이지. 그를 그토록 혼란스럽게 만든 건 계획에 없던 또 하나의 살인, 노파의 여동생을 죽인 일이었어. 노파를 죽인 건 그의 생각에 정의로운 일이었지만, 두 번째 살인은 그렇지 않았으니까.

나영 결국엔 잡혀? 주인공이니까 안 잡히나?

아빠 그는 자수하고 재판을 받게 돼. '비범한 사람은 자신의 이상을 실현하기 위해 법을 어겨도 된다'는 신념을 스스로 버렸기 때문에 자수할 수 있었지. 그의 신념을 버리게 만든 건 소냐라는 여성이었어.

나영 소냐는 어떤 인물인데?

아빠 소냐는 가난 때문에 몸을 팔지만 빈민 구제소에서 일하며 어려운 사람을 돕는 착한 마음씨를 가지고 있지. 주인공에게 소냐는 자신을 희생해 타인에 대한 사랑을 실천하는 비범한 사람이야. 그는 소냐에게 큰 감명을 받고 회개하게 되지. 그리고 재판에서 자신의 죄를 인정하고 진실로 뉘우치는 태도, 불길에 휩싸인 아이들을 구했던 일들이 참작되어 8년 징역형을 선고받아. 징역형은 감옥에서 일하면서 지내는 형벌이야.

나영 비록 잘못된 행동을 했지만 뉘우쳐서 다행이네.

아빠 만약 노파에게 남편이 있었고, 남편과의 관계가 좋았다고 해 보자. 주인공이 노파를 죽인 사실을 노파의 남편이 알게 된다면 어땠을까? 주인공에게 복수, 응징하고 싶은 마음이 들지 않았을까? 아무리 죄를 뉘우치더라도 살인을 저질렀는데 8년 징역형을 받았다고 하면, 솜방망이 처벌이라고 분노하지 않았을까?

나영 가족이라면 화가 나겠지. 하지만 작가는 소설을 통해 죄를 씻는 길은 재판으로 형벌을 받는 것에서 끝나는 게 아니라 진정한 반성으로 새롭게 거듭나야 한다는 걸 말하고 싶었던 게 아닐까?

아돌프 아이히만, 유죄인가 무죄인가?

아빠 죽음을 방관한 것은 유죄일까, 무죄일까?

나영 질문이 너무 어려워. 좀 더 쉽게 설명해 주면 안 돼?

아빠 1960년 5월 11일 저녁, 아르헨티나 부에노스아이레스에서 한 중년 남자를 7명의 남자가 둘러싸고 서서 말했어. "리카르도 클레멘트 씨죠? 아니, 아돌프 아이히만이라고 불러야 하나?" 그들의 물음에 중년 남자는 체념한 듯한 말투로 되물었지. "당신들, 이스라엘에서 왔소?" 하고 말이야. 7명의 남자는 이스라엘 첩보부 모사드 소속 요원이었어. 그들은 중년 남자에게 약물을 투여해 정신을 잃게 한 뒤, 납치해 관 속에 넣고 비행기를 통해 이스라엘로 데려왔지. 그들이 납치한 사람은 히틀러가 통치하던 나치 독일에서 수많은 유대인을 체포하고 강제 이주시키는 계획을 실행한 아돌프 아이히만이라는 독일군 중령이었어.

나영 그동안 이름을 바꾸고 숨어 살았던 거야?

저는 국가의 명령에 따랐을 뿐입니다!

아빠 2차 세계대전에서 독일이 패하면서 그는 아르헨티나로 도주했고, 거기서 15년간 리카르도 클레멘트라는 가명으로 살았던 거야. 이스라엘은 그를 예루살렘으로 데려와 재판을 했어. 그 모든 과정은 전 세계로 방송되었지. 사람들은 '효율적으로' 유대인을 학살한 사람이라니 얼마나 끔찍한 괴물의 모습일까 하고 생각했어. 그런데 놀랍게도 그는 평범한 공무원의 모습이었어. 그는 "저는 국가의 명령에 따랐을 뿐입니다. 월급을 받으면서 명령에 따

르지 않았다면 오히려 죄책감을 느꼈을 거예요"라고 말
했지.

나영 자신은 죄가 없다고 주장한 거야?

아빠 그 일을 자신이 수행하지 않았어도 누군가는 했을 거고,
또 자신은 군인으로서 국가의 명령에 따를 수밖에 없었
다는 거야.

> 생각하지 않고 명령에 따르면
> 누구나 '악의 평범성'에 빠질 수 있어.

나영 그렇게 많은 사람을 죽여 놓고 범죄가 아니라 했다고?

아빠 어떤 일이 범죄가 되려면, 그 행위가 그 행위를 했을 당시의 사회에서 범죄로 정해져 있어야 해. 권력자가 자신의 마음에 들지 않는 사람을 마음대로 처벌할 수 없게끔 만들어 놓은 원칙이지. "범죄와 형벌은 법으로 정한다"라고 해서 '죄형법정주의'라고 해. 또 나중에 어떤 행위가 범죄로 정해졌다고 해도 이를 처벌할 수 없다는 원칙도 있어. 나중에 생긴 규칙을 이전에 일어난 일에 적용하는 걸 '소급'이라고 하는데, "법률은 소급해서 적용하지 않는다"라고 해서 '법률불소급의 원칙'이라고 하지. 죄형법정주의와 법률불소급의 원칙에서 보면, 아이히만이 유대인 학살 방법을 연구하고 실행했을 당시 독일의 법에서 그의 행위는 범죄가 아니었어.

나영 그래서 무죄 주장이 받아들여졌어? 응?

아빠 하지만 국제 사회에서 나치의 만행은 반인륜적인 죄였기 때문에 처벌하기로 합의했지. 그런데 생각해 볼 점이 좀 더 있어. 아이히만의 행동이 반인륜적이기에 처벌해야 한다고 해도, 그의 재판 과정엔 논란의 여지가 많아. '그를 납치해서 이스라엘로 데려와 전 세계인이 보는 앞에서 재판하는 게 과연 옳은 일일까?', '국가 간 전쟁이 일어났을 때 국가의 명령으로 적군을 죽이는 행동도 죄가 되는가? 만약 그게 죄가 아니라면, 아이히만이 독일 군인으로서 국가의 명령을 따른 것도 죄가 되지 않는 것 아닌가?' 등등. 아이히만의 재판에서 담당 검사는 잘못된 명령에 저항하지 않고 따른 것은 범죄로 볼 수 있다고 했어. 아이히만은 결국 1961년 12월 15일에 사형 선고를 받고 다음 해 형장의 이슬로 사라졌지.

나영 전쟁 중이라는 상황에서 과연 군인이 명령의 잘잘못을 따지며 저항하고 거부하는 게 가능했을지에 대해서 의문이 남기는 해.

아빠 해나 아렌트(Hannah Arendt)라는 유대인 철학자도 '과연 이런 상황에서 명령을 거부할 수 있을까?'라는 의문을 가지고 재판 과정을 지켜봤어. 이후 자신의 생각을 담아 《예루살렘의 아이히만》이라는 책을 펴냈지. 이 책에서 그녀는 '악의 평범성(banality of evil)'이라는 개념을 제시해. 흔히 우리는 악행을 악마 같은 악당이 하는 일로 생각하지만, 거대한 악행도 평범한 사람이 하는 행위들이 쌓여서 이루어질 수 있다는 거야. 명령에 따라 유대인을 빠르게 학살할 수 있는 가스실을 고안하고, 수송하고, 가스실의 밸브를 여는, '생각하지 않고' 명령에 따르는 일들이 쌓여서 유대인 600만 명의 목숨을 빼앗았다는 거지. 이런 잘못을 저지르지 않기 위해서는 어떤 일을 할 때 내가 하는 일이 어떤 의미를 가지는지, 어떤 게 옳은 일이고 어떤 게 그렇지 않은지를 매번 사유하면서 행동해야 할 거야.

나영쌤과 함께 생각을 나눠 봐!

아이히만처럼 아주 큰 악행은 아니지만, 누군가의 명령에 의해 옳지 못한 일을 했거나, 그런 일이 일어난 걸 보거나 들은 경험이 있니? 만약 있다면, 그럴 때 어떻게 대처했으면 좋았을까?

법 쫌 아는 10대

3. 생활 속 법과 정의

아빠 요즘 학교 폭력 문제가 심각하다는데, 너희 반에는 그런 일 없니?

나영 옆 학교에서도 얼마 전에 학폭 위원회가 열리고 난리도 아니었대. 우리 학교도 요즘 분위기가 장난 아니야. 선생님들도 엄청 예민하셔.

아빠 일본의 한 중학생이 학교에서의 집단 괴롭힘으로 자살한 사건이 있었어. 엄청난 사회적 파장을 일으켰지. 글쎄, 그 아이가 살아 있을 때 같은 반 친구들이 그 아이 책상 위에 매일 향을 피우며 방명록을 쓰는 등 장례식 놀이를 했다는 거야.

나영 죽은 사람 취급하는 '장례식 놀이'라니! 선 넘었네!

아빠 가해 학생들은 '장난이었다'고 했대. 또 놀라운 건, 그 반에 있는 20명이 넘는 학생 중에 말리는 사람이 아무도 없었다는 거야. 어떤 특정한 사람을 찍어서 괴롭히는 건 절대 해서는 안 되는 일이야. 그런데 이런 일이 학교에서, 직장에서, 또 군대에서 종종 일어나서 기사로 보도되곤 해. 대체 왜 이런 일들이 일어나는 걸까?

학교 폭력: 괴롭힘의 이유와 해결

아빠 학교에서의 집단 괴롭힘은 왜 일어날까? 집단 괴롭힘은 대체로 초등학교, 중학교, 고등학교에서 일어나. 하지만 어린 학생들한테서만 일어나는 건 아니야. 군대나 구성원이 매우 적은 직장에서도 이런 일이 일어나서 뉴스에 나오기도 하지.

나영 나도 매년 새 학기가 될 때면 긴장돼. 어떤 선생님과 친구들이랑 지내게 될까 하고 말이야. 마음에 안 든다고 "저, 이 반 싫어요. 다른 반으로 옮겨 주세요!" 할 수는 없잖아. 하루 종일 같은 반 친구들과 지내기 때문에 한마디로 나와 맞지 않는 사람들과 '거리를 둘 수 있는 자유'가 없는 느낌이야. 학교의 학급은 닫힌 공간이니까, 3월 초에는 친구들끼리 눈치를 보게 돼. 인싸가 누구인지 살피고, 인싸 그룹에 들어가면 좋겠다고 생각하지. 정말 잘 나가는 애들은 자신이 힘을 가졌다고 생각해. 밖에서 볼 땐 말도 안 되게 부당한 질서를 만드는 경우도 있지. 어른들이 보기엔 뭐가 그리 복잡한가 싶겠지만, 우린 나름대로 정글 속에서 살고 있다고.

아빠 그 정도인 줄은 몰랐는걸!

나영 약한 아이에게 "나 ○○ 갖고 싶다"라고 하면서 사 오라고 부담을 주기도 하고, 간혹 말도 안 되는 일을 시키는 경우도 있어. 나도 그런 걸 본 적이 있고, 아빠와 이야기해 볼까 싶은 적도 많았는걸. 학교에 찾아와 달라는 건 아니고, 그냥 이게 맞는 건가 싶은 상황들이 있었거든. 오늘도 학교에서 진짜 이상한 일이 있었어.

아빠 무슨 일인데?

나영 동현이가 영어 시간에 갑자기 일어나서 노래를 부르는 거야.

아빠 동현이가 왜 그랬을까? 스트레스가 좀 많았나?

나영 그런 줄 알았는데, 성혁이가 시킨 거였대!

아빠 성혁이가?

나영 지난주에는 동현이가 복도에서 이상한 춤을 추더라고. 그때는 선생님께 핀잔을 듣고 별일 아닌 거로 넘어갔거든. 그런데 오늘 또 이런 일이 생긴 거지. 성혁이는 장난이었다고 하고, 동현이는 성혁이가 시키긴 했는데 자기도 좋아서 한 거래. 근데 얼굴 표정은 그게 아니었거든.

아빠 흠, 괴롭힘일 수도 있겠는데?

나영 맞아. 오늘 선생님께서 동현이를 불러서 한참을 상담하셨고, 성혁이랑 몇몇 친구가 동현이를 오랜 기간 괴롭혔다는 게 밝혀졌어.

아빠 성혁이와 다른 친구들도 인정했고?

나영 응. 그동안 빵 셔틀도 시켰더라고. 친구라서 사다 주나 싶었는데 아니었던 거야. 가방도 들게 하고, 또 다른 부당한 일도 많이 시켰대. 동현이는 그동안 정신과 상담도 받았다더라고.

아빠 저런, 많이 힘들었겠다.

나영 작년 중학교 1학년 때, 동현이가 친구들과 잘 어울리지 못했었나봐. 당시 아이들 사이에서 '인싸'였던 성혁이 그룹이 이번에 동현이를 끼워 줬던 거지. 동현이는 예전처럼 혼자 다니게 될까 봐 그동안 맞춰 준 거고.

아빠 성혁이와 친구들은 왜 동현이를 괴롭힌 거야?

나영 성혁이는 동현이가 시키는 대로 하니까 자신이 마치 신이 된 것 같이 좋았대. 자신이 우위에 있다고 느꼈다는 거야. 끔찍한 말이지. 선생님께 혼나고 울면서 사과했어. 다시는 그러지 않겠다고. 진심인 게 느껴졌어.

아빠 때리거나 심한 욕을 하는 것도 물론 나쁘지만, 성혁이가 '장난'이라고 부른 행동은 사람의 마음을 서서히 무너뜨리는 정말 나쁜 행동이야.

나영 응, 아빠. 나도 알아.

아빠 친구들 간의 장난이라고, 우정이라고, 노는 거라고 포장해서 누군가를 괴롭히는 걸 알게 된다면 반드시 부모님과 선생님께 도움을 청해야 돼. 이런 일을 겪으면 피해자는 다른 사람들이 해결해 주는 게 불가능하다고 생각하는 경우가 많다던데, 너도 그렇게 생각하니?

나영 보복도 두렵고, 실제로 선생님들이 안 계신 곳에서 더 치밀하게 괴롭히니까 해결이 안 될 거라고 생각하는 마음도 이해는 가. 그렇지만 문제를 드러내는 게 해결의 시작이 되는 건 분명해. 동현이 일도 결국 선생님의 도움으로 해결된 셈이니까.

아빠 담임 선생님께서 적절히 도움을 주신 것 같네. 학교 폭력 문제는 부모님이나 선생님이 적극적으로 개입하고, 나아가 경찰의 도움을 받아야 비극을 막을 수 있어.

나영 꼭 경찰까지 개입해야 해?

아빠 물론 친하게 지내던 친구끼리 순간의 감정으로 다투는 경우도 많은데, 이럴 때 부모님과 경찰이 개입하거나 학폭 문제로 다뤄서는 안 되겠지. 하지만 원인이 구조적인 괴롭힘인 경우에는 부모님이나 선생님 같은 어른들께 알리고 도움을 요청하는 게 중요해. 피해를 입은 당사자가 아니어도 알려야 해. 괴롭힘이 일어나는 걸 알면서 보고만 있는 건 그 괴롭힘에 동조하는 게 될 수 있어. 해결할 수 있는 방법을 찾기 위해 모두가 함께 노력해야 해.

나영쌤과 함께 생각을 나눠 봐!

학교 폭력이라고 생각되는 것들이 있니? 학교, 혹은 교실 내의 질서나 규칙이라서 당연하게 여기고 지나가지만 그게 누군가에겐 상처가 될 수도 있겠다 싶은 것들. 생각나는 게 있으면 서로 의견을 나눠 봐.

법 쫌 아는 10대

아빠 이 QR 코드를 찍어서 나오는 링 크를 따라가 봐. 영상이 나오지? 이 영상 속에서 하얀 옷을 입은 사람들이 공을 몇 번 패스하는지 세어 봐.

나영 음…… 열다섯 번!

아빠 딩동댕. 집중력이 좋은데? 그런데 고릴라도 봤니?

나영 고릴라? 고릴라가 나왔어?

아빠 영상을 다시 보렴.

나영 와, 진짜 몰랐어! 고릴라 분장을 한 사람이 사람들 가운 데서 아예 대놓고 가슴을 쿵쾅거리며 서 있네. 처음엔 왜 못 봤지?

아빠 이 영상은 사람이 보고 싶은 것에 집중하면 다른 건 쉽 게 놓친다는 걸 실험으로 보여 주려고 미국 심리학자 대 니얼 사이먼스(Daniel Simons)와 크리스토퍼 차브리스 (Christopher Chabris)가 만든 영상이야. 공에 집중하다 보 면 고릴라를 못 보는 경우가 생기지. 가끔 사람들 사이에 서 "내가 그때 그걸 분명히 봤어!" "무슨 소리야, 내가 거

기 있었는데 그건 없었거든?" 하면서 의견 대립이 발생하는 경우가 있잖아? 이럴 땐 보통 두 사람 중 한 사람이 거짓말하고 있다고 생각하지만, 그렇지 않을 수도 있다는 거지. 여러 사람의 주장을 듣는 법관은 이 점을 반드시 명심해야 해.

나영 법관으로서 판단할 땐 양쪽의 의견과 증거를 잘 살펴봐야겠구나!

법 쫌 아는 10대

아빠 앞서 경험한 것처럼 내가 보고 싶은 것만 봐도 문제지만, 잘못된 목격자의 증언으로 억울한 일을 겪는 경우도 꽤 많아. 미국에서 있었던 일을 하나 들려줄게. 스티브 타이터스라는 31세의 남자가 약혼한 애인과 저녁 식사를 하고 돌아오는 길에, 경찰에 붙잡혀. 그의 차가 범죄를 저지른 사람이 운전했던 차와 비슷했나 봐. 게다가 공교롭게도 그가 범죄자와 닮은 모양이야. 경찰은 타이터스의 사진을 찍어서 피해자에게 용의자로 의심되는 여러 사람의 사진과 함께 보여 줬어. 그러자 피해자는 타이터스를 지목하며 그가 범인이 확실하다고 말했지.

나영 아니 그럴 수가! 설마 그 사람, 감옥 갔어?

아빠 응, 수감되었지. 그는 감옥에서 지역 신문에 전화를 했어. 다행히 어떤 기자가 사건에 관심을 가졌고, 그가 실제로 진범을 찾아냈지.

나영 경찰과 검찰도 못 한 걸 기자가 해내다니! 그래서 어떻게 됐어?

아빠 진범은 자백했고, 다른 증거들도 나왔지. 그래서 결국 타이터스는 석방되었어.

나영 다행이네.

아빠 그렇긴 하지. 하지만 이미 그는 엄청난 피해를 입었어.

다니던 직장을 잃었고, 약혼자도 떠나 버렸거든.

나영 정말 안 됐다. 이런 일이 더 있어?

아빠 응, 미국에서 잘못된 판결로 유죄를 선고받았던 300명의 정보를 모아 보니, 그들 중 4분의 3이 목격자들의 착각 혹은 거짓 기억에 의한 증언이 유죄 판결에 결정적인 영향을 미쳤다는 게 밝혀졌어. 왜 이런 일이 생겨난 것 같아?

나영 음, 목격자들의 진술을 너무 믿어서 그런 거 아닐까?

아빠 맞아. 많은 사람이 기억은 책과 같다고 생각하는 것 같아. 책은 꽂아 두었다가 다시 꺼내도 그대로잖아. 그런데 기억은 사실 그렇지 않거든. 책보다는 위키피디아에 가까운 게 우리의 기억이지.

나영 아, 위키피디아! 너무 적절한 표현인 것 같아. 계속 수정이 되니까 원래 어땠었는지 알 수가 없잖아.

아빠 그치. 기억은 바뀌기도 하고, 새로 만들어지기도 하거든.

나영 바뀐다는 건 알겠는데, 없던 게 만들어진다고?

아빠 미국의 심리학자 엘리자베스 로프터스(Elizabeth Loftus) 교수는 이에 대한 실험을 했어.

나영 실험?

아빠 응. 자동차가 충돌하는 모습이 담긴 비디오를 사람들에

법 쫌 아는 10대

게 보여 주고, 충돌 시 속도가 얼마나 되었냐고 묻는 실험이었지. 두 그룹으로 나누어서 한 그룹에는 "두 자동차가 접촉(hit)했을 때 속도가 얼마였을 것 같나요?"라고 물었고, 또 다른 그룹에는 "두 자동차가 충돌(smashed)했을 때 속도가 얼마였을 것 같나요?"라고 물었어.

나영 그럼 '충돌'이라고 물어 본 쪽에서 답한 속도가 더 빨랐을 것 같아!

아빠 맞아. 깨진 유리창이 있었느냐고도 물었는데, '접촉'이라고 물었을 때보다 '충돌'이라고 물었을 때 훨씬 많은 사람이 차 유리창이 깨졌다고 답했지.

나영 실제로는 어땠는데?

아빠 깨진 유리창은 없었어.

나영 와, 정말 사람의 머릿속에서 기억이 재구성되나 봐. 그럼 재판 과정에서 목격자 진술은 어디까지 믿어야 하는 거지? 증거로 사용해도 괜찮은 거야?

아빠 목격자들의 증언은 증거로 사용되지만, 그게 절대적인 사실인 건 아니야. 그래서 다른 정황과 증거들을 잘 보면서 판단해야 해. 양쪽의 증언은 대체로 완전히 다른 이야기를 하는 경우도 많으니까. 내가 증인이 되었을 때 증언에 신중해야 한다는 것도 알겠지? 나의 말이 다른 누군가에겐 억울한 증거가 될 수도 있으니까 말이야. 법의 역할이 죄를 지은 사람에게 벌을 주고 다시는 죄를 짓지 않게 하는 것도 중요하지만, 억울한 사람을 만들지 않는 것도 매우 중요하니까. 법은 모든 사람의 자유와 권리를 보장해야 한다는 걸 잊지 말자고!

나영쌤과 함께 생각을 나눠 봐!

오판으로 피해를 입는 다음의 두 가지 경우를 생각해 봐. 첫 번째는 무죄인 사람을 유죄로 판결하는 것, 두 번째는 유죄인 사람을 무죄로 판결하는 것. 이 둘 중에 어떤 게 더 문제가 크다고 생각하니? 또 오판을 줄이는 아이디어가 있다면 말해 볼까?

법 쫌 아는 10대

법은 감춰진 것들을 찾는 열쇠야!

이건 내가 그린 그림이야. SNS에 올린 스마트폰 속 사진만 보면 꽤 깔끔한 작업환경 같지? 그런데 사실 주변은 엉망진창. 실제로 우리가 SNS에 사진을 올릴 때, 이렇게 할 때가 많지 않아? 나만 그런 게 아니고, 아마 다른 사람들도 그럴 거야.

그러면 감춰진 건 보지 못하고, 보여진 것만 보고 판단하게 될 가능성이 크지.

김나영(2017), 보이는 것과 보이지 않는 것.

감춰진 게 아니더라도 우리는 보고 싶은 대로 보고, 듣고 싶은 대로 듣는 경우가 많아. 선입견이나 감정에 따라 달리 느끼기도 하고. 친구랑 사이가 좋을 땐 전혀 거슬리지 않았던 것이 친구랑 사이가 틀어졌을 땐 뭘 해도 거슬리고 밉게 보이는 경험이 누구나 한 번쯤은 있을 거야.

같은 걸 보더라도 나에게 어떠한 배경지식이 있는지, 또 세상을 바라보는 틀이 어떠한가에 따라 다르게 보이기도 해. 친구랑 같은 영화나 책을 보고도 서로 다른 지점에서 감동하고, 다른 해석을 내놓기도 하잖아.

법 공부는 사람들이 각기 다른 다양한 관점으로 세상을 바라본다는 점을 알고, 어떤 하나의 결정이 누구에게나 좋은 절대적인 진리가 될 수 없다는 점을 깨닫는 데서 시작돼. 법이 추구하는 진리가 있지만 현실에서 어떤 결정이 언제나 옳은 진리라고 할 수는 없는 거거든. 우리 사회엔 똑 부러지게 A는 B라는 정답이 없는 경우가 훨씬 더 많아. 비슷해 보이는 사건이라도 그 사건의 동기, 이면에 감춰진 진실이 다를 수 있지. 또한 법이 그 사건 이면에 감춰진 죄와 진실을 발견하는 과정일 수도 있지만, 이면에 감춰진 권리와 가치를 발견하는 과정일 수도 있어.

앞서 '법 없이도 살 사람'이라고 하면 선한 사람을 떠올리지만, 선한 사람도 법이 권리를 지켜 주지 않으면 살기 힘들다고 이야기했던 것 기억하지? 법이란 건 죄를 지은 사람에게 벌을 주는 측면도 있지만, 선한 사람의 권리를 보호해 주는 측면도 동시에 가지는 거야. 죄를 지은 사람에게 벌을 주는 건 죗값을 치르게 한다는 의미도 있지만, 잘못된 점을 고쳐 주고 옳은 방향으로 이끌어 준다는 의미도 있어.

SNS 세상과 현실을 그린 나의 그림을 기억해 주면 좋겠어. 어떤 사건도 그 이면에 숨겨진 게 있을 수 있다는 점, 사람마다 바라보는 관점이 다를 수 있다는 점, 같은 걸 봤어도 다르게 볼 수 있다는 점. 어떤 사건에 대해 제출된 자료도, 기사도, 특정 분야의 연구도 어떻게 보느냐에 따라 차이가 생길 수 있다는 것도 잊지 않았으면 좋겠고. 모든 일이 보이는 게 전부가 아니고, 이면을 잘 살펴봐야 하는 거야. 여러 입장에서, 다양한 측면에서 살펴보려고 노력하는 게 중요해.

이번 기회로 법을 공부하며 더 멋진 사람으로 성장하길 바라.

사회
좀 아는
십 대
20

좀 아는 10대

초판 1쇄 발행 2024년 8월 26일
초판 4쇄 발행 2024년 12월 6일

지은이 김나영·김택수
그린이 방상호

펴낸이 홍석
이사 홍성우
인문편집부장 박월
편집 박주혜·조준태
디자인 방상호
마케팅 이송희·김민경
제작 홍보람
관리 최우리·정원경·조영행

펴낸곳 도서출판 풀빛
등록 1979년 3월 6일 제2021-000055호
주소 07547 서울시 강서구 양천로 583, 우림블루나인 A동 21층 2110호
전화 02-363-5995(영업), 02-364-0844(편집)
팩스 070-4275-0445
홈페이지 www.pulbit.co.kr
전자우편 inmun@pulbit.co.kr

ISBN 979-11-6172-941-1 44360
　　　979-11-6172-731-8(세트)

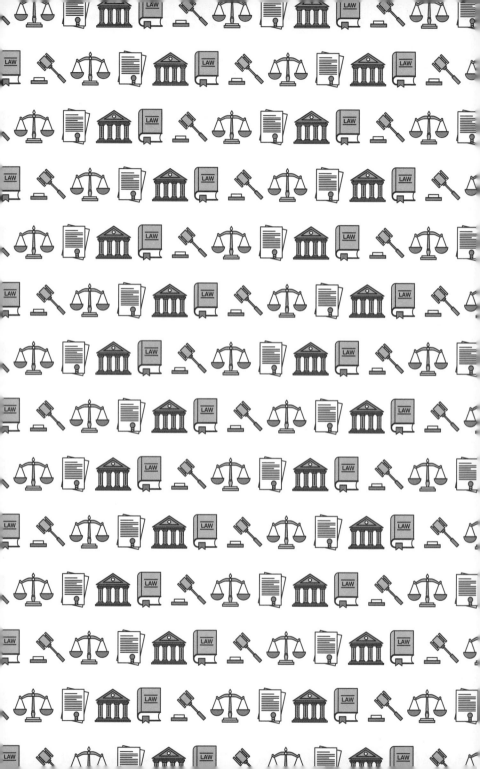